AF611482

AUX ÉLECTEURS

Nos Juges

UNE

CANDIDATURE INDÉPENDANTE

SOUS L'EMPIRE

(Extraits du *Mémorial des Deux-Sèvres* & de la *Revue de l'Ouest*)

NIORT

IMPRIMERIE TH. MERCIER

1, RUE DES YVERS, 1

M D CCC LXIX

DEUX MOTS D'EXPLICATION.

Comparant, il y a déjà quelques mois, les votes de l'honorable Député de la 2e circonscription des Deux-Sèvres avec ceux de l'honorable Député de la Moselle, qui était en 1863 sous-préfet de Parthenay, le *Mémorial* a promis à la *Revue* (*) de former « *un petit recueil des pièces les plus instructives de ce procès.* »

Aujourd'hui le *Mémorial* tient sa promesse *et les soumet avec respect, mais sans crainte,*

AUX ELECTEURS NOS JUGES.

Le *Mémorial* tiendra même plus qu'il n'a promis, car d'autres discussions avec la *Revue de l'Ouest* se lient étroitement au passé et à l'avenir d'une CANDIDATURE INDÉPENDANTE SOUS L'EMPIRE.

Nous avons donc cru devoir reproduire, pour l'instruction de MM. les Electeurs, *la discussion sur les circonscriptions électorales*, provoquée par la modification de notre deuxième circonscription; celle du *délai de convocation des Electeurs en cas de vacance d'un siége au Conseil général* et la *Consultation* de Me Albert Gigot, avocat au Conseil d'Etat et à la Cour de Cassation, qui est venue

(*) Voir le *Mémorial* du 2 avril 1868.

abréger ces délais, quand déjà ils avaient dépassé les prescriptions impératives de la loi.

Nous y avons joint les adjurations multiples, pathétiques et bruyantes de la *Revue*, la célèbre Circulaire Confidentielle de M. le Préfet à MM. les Maires et à MM. les Instituteurs du canton de Champdeniers, la lettre et les remerciements du candidat indépendant, enfin quelques pièces justificatives qui nous ont paru nécessaires, ou utiles à l'intelligence de la polémique.

Personne ne sera surpris de nous voir recueillir les articles de la *Revue* avec autant de soin que ceux du *Mémorial.*

Il nous a semblé que cette fidèle reproduction n'était pas seulement un devoir d'impartialité historique, mais que nous acquittions ainsi une dette de reconnaissance de la seule manière qui fût digne de ce journal.

Nous avons dû aux hésitations, aux efforts de l'Administration et aux articles de la *Revue* une grande part de notre succès. Nous nous flattons de l'espoir que notre modeste polémique sera mieux appréciée par ce rapprochement et n'aura pas beaucoup plus à en souffrir auprès des Electeurs de la deuxième circonscription, qu'elle n'en a souffert auprès des Electeurs du canton de Champdeniers.

Si quelqu'exemplaire de ce recueil survivait dans la bibliothèque d'un curieux aux circonstances qui l'ont fait naître, nous demandons pardon au lecteur de l'avenir et à nos contemporains d'avoir perpétué le souvenir de débats élémentaires, témoignage peu favorable du temps qui les a rendus nécessaires.

Mais, si cet héritier inconnu parcourait un jour ces pages légèrement, dans la pleine et facile jouissance des biens que nous aurions voulu conquérir pour lui, de grâce, qu'il plaigne le labeur auquel nous nous sommes condamnés, et si sa main n'est pas émue, espérons qu'elle sera moins dédaigneuse.

AUX ÉLECTEURS

NOS JUGES

UNE CANDIDATURE INDÉPENDANTE

SOUS L'EMPIRE

LES CIRCONSCRIPTIONS ÉLECTORALES

Le *Moniteur* a publié le 31 décembre le tableau des circonscriptions électorales pour l'année quinquennale. Le Corps législatif, aux prochaines élections, comptera 292 membres au lieu de 283. C'est une augmentation de 9 députés.

Les départements qui gagnent un député sont l'Aude, le Cher, la Gironde, le Jura, l'Isère, le Finistère, l'Orne, les Pyrénées-Orientales et l'Hérault.

Paris, malgré l'accroissement de la population, ne gagne aucun nouveau député.

Dans les Deux-Sèvres, la deuxième circonscription se trouve augmentée du canton de Lezay. On peut supposer que le gouvernement a fini par s'apercevoir qu'il y avait disproportion entre le nombre des électeurs de la deuxième circonscription et celui des électeurs de la troisième, et qu'il a voulu rétablir l'équilibre.

On peut supposer aussi que les actions du député de la deuxième circonscription baissant considérablement sur plusieurs points, on a eu l'intention d'infuser au corps électoral un sang nouveau, en adjoignant aux anciens cantons le canton de Lezay. Nous n'avons point oublié qu'après les élections de 1863, en présence des alarmes qu'avait causées à l'Administration la candidature indépendante de M. Tribert, le bruit se répandit que des modifications seraient apportées à la composition de la deuxième circonscription, et qu'au besoin on détacherait de la première, qui avait toujours mérité la croix de sagesse, un petit coin de terre pour venir en aide au candidat patronné. C'était un hommage rendu par anticipation à la prévoyance du gouvernement.

Quoi qu'il en soit, les électeurs du canton de Lezay savent que si l'on peut faire des coupures dans les circonscriptions, il est moins facile de disposer de leurs votes, et la loi qui se discute en ce moment les instruira comme bien d'autres.

DELAVAULT.

(Extrait du *Mémorial* du 4 janvier 1868.)

« C'est un devoir pour le gouvernement de ne pas
» modifier légèrement les circonscriptions électorales
» précédemment établies, afin que les députés sortants
» se retrouvent devant les électeurs qui les avaient
» précédemment nommés. »

(M. DE BOSREDON, secrétaire-général du ministère de l'intérieur. — Séance du 14 juillet 1867.)

L'Administration a tenu sans doute à réaliser cette promesse, dont la moralité ne peut être niée, et c'est pour cela que les circonscriptions électorales sont bouleversées dans vingt-quatre départements, où le nombre des députés n'a pas changé.

Ainsi disparaît la plus sérieuse garantie de la responsabilité des députés devant leurs mandataires ; ils n'auront plus à subir le jugement sévère de leur ancienne circonscription, ou bien il leur sera donné un appoint d'électeurs nouveaux qui contre-balancera, du moins on l'espère, les rigueurs des anciens électeurs. Examinons la composition des circonscriptions électorales de notre département :

DEUX-SÈVRES.

Circonscription	Arrondissement	Cantons
Première circonscription.	NIORT.	Beauvoir.
		Frontenay.
		Mauzé.
		Niort (les deux cantons).
		Prahecq.
	MELLE.	Brioux.
		Celles.
		Chef-Boutonne.
		Melle.
		Sauzé-Vaussais.
Deuxième circonscription.	NIORT.	Champdeniers.
		Coulonges.
		St-Maixent (les deux cantons).
	PARTHENAY.	Mazières.
		Menigoute.
		Parthenay.
		Secondigny.
	MELLE.	La Mothe Saint-Héraye.
		Lezay.
Troisième circonscription.	BRESSUIRE.	Tout l'arrondissement.
	PARTHENAY.	Airvault.
		Moncoutant.
		Saint-Loup.
		Thénezay.

Ainsi, dans les Deux-Sèvres, une seule circonscription est modifiée, c'est la deuxième.

Et pourquoi ?

Le journal officieux répond ainsi à cette question :

« D'après ce nouveau tableau, le canton de Lezay, qui appartenait à la première circonscription des Deux-Sèvres, passe dans la seconde. Ainsi, précédemment, la première circonscription possédait 40,468 électeurs, tandis que la seconde n'en comptait que 28,619. Le décret impérial fait disparaître entre ces deux circonscriptions une différence par trop grande. Cette mesure sera donc bien accueillie par nos populations. »

Franchement, il faut un ordre pour afficher une telle naïveté. La vérité, c'est que l'administration a les craintes les plus sérieuses et les mieux fondées pour la candidature de l'éloquent député de la deuxième circonscription, et qu'elle amène au scrutin un nouveau canton pour protéger contre ses anciens électeurs le partisan abusé de « *la paix du monde.* »

Mais l'administration ne réussira point à troubler la manifestation qui se prépare, elle ne la rendra que plus éclatante. De telles modifications ne sont pas de nature à décourager la candidature indépendante de M. Louis Tribert, consacrée il y a cinq ans par 7,500 suffrages. Les électeurs de Lezay, qui n'ont pas oublié les circonstances de la lutte, s'associeront à cette minorité imposante pour en faire la majorité, et changeront en une victoire numérique la victoire morale que nous avons déjà remportée.

TH. MERCIER.

(Extrait du *Mémorial* du 4 janvier 1868.)

Nous avons fait connaître le motif qui avait engagé l'Administration à détacher le canton de Lezay de la première circonscription électorale, qui possedait 40,468 électeurs, pour le donner à la seconde, qui n'en comptait que 27,619. Ce motif était si évident, si juste et si équitable, que nous ne pensions pas qu'il pût être dénaturé. Comment ! à côté d'une circonscription électorale de plus de 40,000 électeurs s'en rencontre une qui n'en possède pas 28,000, et le *Mémorial des Deux-Sèvres* trouve étrange qu'on établisse une répartition qui fait disparaître une aussi choquante inégalite. « Franchement, dit la feuille garibaldienne (*), il faut un ordre pour afficher une telle naïveté. » Ainsi, le *Mémorial* appelle naïveté forcée ce qui n'est de notre part qu'un sentiment de justice. Nos naïvetés seront comprises par tous les honnêtes gens, qui ne se laisseront ni tromper, ni égarer par des attaques de mauvaise foi.

D'après le *Mémorial*, qui veut bien ouvrir la main pour en laisser tomber la vérité, c'est que l'Administration a les craintes les plus sérieuses pour la candidature du député de la seconde circonscription.

Que la feuille si dévouée aux adversaires du gouvernement calme ses appréhensions. Jamais la candidature du député de notre seconde circonscription n'a été plus populaire et plus profondément enracinée dans le pays. Ce n'est plus à une faible minorité qu'il sera renommé, c'est à une majorité écrasante pour son concurrent qu'il sera élu.

Le *Mémorial* cherche à relever le courage abattu de son candidat, resté sur le terrain électoral. Jules Favre est venu deux fois dans notre pays pour panser des plaies qui saignent encore. Les électeurs n'ont pas oublié que le candidat malheureux s'est abrité sous le drapeau de Jules Favre, pour faire un procès de presse à la *Revue de l'Ouest*, devant le tribunal de Niort et la Cour impériale de Poitiers. Qu'en est-il résulté? Deux échecs pour le candidat du *Mémorial*, et une situation politique parfaitement dessinée.

Est-ce là ce qu'on appelle une victoire morale? Bien au contraire, nous croyons qu'elle est de nature à décourager le *Mémorial* et ses amis.

Comme on le sait, l'attitude des populations est telle, dans la deuxième circonscription, que l'Administration n'avait certes pas à chercher du renfort par une annexion. Elle n'a été mue que par un motif des plus légitimes. Il est vrai que les électeurs

(*) . . . . . On ne s'attendait guère
De voir Ulysse en cette affaire.

(*La Tortue et les deux Canards.*)

du canton de Lezay ont toujours donné des preuves de leur dévouement au gouvernement de l'Empereur. Ils savent que plus les institutions impériales seront consolidées, plus ils jouiront de cette sécurité, qui seule protége leurs propriétés et est la sauvegarde de leurs intérêts personnels. Le temps des équivoques est passé. Les électeurs se défient de ces candidatures dites *indépendantes*, qui, souvent, sont au fond très-hostiles au gouvernement. Les plus habiles menées ne les séduiront pas. Ils voteront pour le député qu'ils connaissent, qu'ils apprécient et qui a dignement rempli le mandat qui lui a été confié.

Nous n'en sommes pas encore rendu à ce moment-là. Mais, qu'il soit éloigné ou proche, le *Mémorial* peut être certain que la manifestation qui se produira alors n'en affirmera qu'avec plus de vivacité la sympathie de nos populations pour les hommes qui soutiennent la politique de l'Empereur.

(Extrait de la *Revue de l'Ouest* du 4 janvier 1868)

La 2e circonscription des Deux-Sèvres comptait 27,619 électeurs; la 3e, 40,000. L'administration, en adjoignant à la 2e circonscription le canton de Lezay, se serait proposé uniquement — c'est la *Revue de l'Ouest* qui persiste à le dire — de faire disparaître une « inégalité choquante. »

Ou les administrations précédentes étaient d'une ignorance bien profonde en arithmétique, puisqu'elles ne s'étaient pas aperçues de cet écart; ou la modification dont il s'agit n'a été imaginée que pour les besoins de la cause.

En attendant que ce renfort passe de l'état de réserve à celui d'armée active, nous acceptons le rendez-vous que nous donne la *Revue de l'Ouest* sur le terrain électoral. A l'époque des élections municipales de Niort, le député de la 2e circonscription n'a pu arriver qu'au second tour de scrutin et avec un nombre de voix assez faible, malgré un appel éloquent adressé au public par un écrit anonyme en faveur des naufragés. Cependant, il faisait partie du conseil depuis 1835, il avait ceint l'écharpe municipale et avait pour lui le prestige du mandat de représentant qui lui avait été confié en 1863. Nous ne le verrions donc pas sans surprise obtenir, aux élections prochaines, cette « majorité écrasante » que lui prédit la *Revue de l'Ouest*, croître enfin en popularité auprès des électeurs de la 2e circonscription, quand il est en perte auprès des électeurs du chef-lieu du département.

DELAVAULT.

(Extrait du *Mémorial* du 7 janvier 1868.)

Le Corps législatif a écarté, à la majorité de huit bureaux sur neuf, la demande d'interpellation présentée par M. Eugène Pelletan, au sujet du tableau des circonscriptions électorales, inséré au *Moniteur* du 31 décembre, et modifiant modestement les circonscriptions de 35 départements.

Le gouvernement n'a point exposé les motifs dont s'est inspiré son travail, mais il est permis de les deviner, quand on voit que la plupart de ces remaniements atteignent des circonscriptions où les candidats indépendants avaient obtenu un grand nombre de voix.

DELAVAULT.

(Extrait du *Mémorial* du 9 janvier 1868.)

DISCUSSION

Engagée entre le MÉMORIAL *et la* REVUE *à propos de l'annonce d'une allocation de 500 francs ou Bureau de Bienfaisance de Niort.*

Ce n'est pas par esprit d'hostilité contre la personne de l'honorable Conseiller général élu que nous reproduisons cette polémique. Nous le prions d'en être très-persuadé. Mais il voudra bien reconnaître avec nous qu'il importe à la cause des candidatures indépendantes, que nous défendons, de faire passer sous les yeux des électeurs un tableau complet des promesses, largesses, menaces administratives qui accompagnent et préparent une candidature *officielle*, comme si deux hommes honorables dans leur compétition ne se recommanderaient pas beaucoup mieux de leur honorabilité personnelle et d'une popularité légitime.

Ce qui nous surprend encore de la part de quelques candidats officiels, c'est l'humilité dont ils font preuve, en acceptant auprès de leurs concitoyens, qui les connaissent de longue date, le patronage de fonctionnaires tout fraîchement débarqués, et qui se portent sans rire, garants d'opinions et de sentiments qu'ils n'ont pas même eu le temps d'apprécier.

Que ne laissent-ils le patronage à ceux pour qui la modestie est une nécessité, et qui savent comme nous, à merveille, que leur candidature n'est possible que grâce à la volonté, à la pression, aux manœuvres administratives?

Chronique des Deux-Sèvres

ET DES DÉPARTEMENTS LIMITROPHES

1er CANTON DE NIORT.

ÉLECTION AU CONSEIL GÉNÉRAL

des 29 février et 1er mars.

Le candidat agréé par le Gouvernement de l'Empereur, et recommandé par l'Administration départementale aux choix des électeurs, est

M. Alfred MONNET, Maire de Niort.

Par décision du 12 de ce mois, et sur la demande de M. le maire de Niort, appuyée par le préfet des Deux-Sèvres, Son Exc. le ministre de l'intérieur vient d'accorder une somme de 500 fr. au bureau de bienfaisance de Niort.

(Extrait de la *Revue de l'Ouest* du 18 février 1868.)

On lit dans l'*Avenir national* :

On lit dans la *Revue de l'Ouest*, journal de la préfecture des Deux-Sèvres :

1er canton de Niort.

Election du conseil général des 29 février et 1er mars.

Le candidat agréé par le gouvernement de l'empereur, et recommandé par l'administration départementale, est

M. Alfred MONNET, maire de Niort.

Puis au-dessous, et séparées par un filet, les lignes suivantes :

Par décision du 12 de ce mois, et sur la demande de M. le maire de Niort, appuyée par le préfet des Deux-Sèvres, S. Exc. M. le ministre de l'intérieur vient d'accorder une somme de 500 fr. au bureau de bienfaisance de Niort.

On ne saurait être, il le faut avouer, charitable plus à propos.

Le *Journal de Paris* relève les mêmes faits et s'écrie :

« Quelle éloquente proclamation électorale ! »

DELAVAULT.

(Extrait du *Mémorial* du 29 février 1868.)

ALLÉGATIONS DE M. PELLETAN

Sous ce titre, nous lisons dans la *Revue de l'Ouest* :

Nous reproduisons, d'après le *Moniteur* du 5 mars, la partie du compte-rendu officiel de la séance du 4 mars du Corps législatif, relative aux allégations portées à la tribune par M. Pelletan, député de Paris, au sujet de la récente élection, à Niort, d'un conseiller général :

« M. E. Pelletan. Il y a trois jours à peine, il y avait une élection
» dans le chef-lieu d'un département de l'Ouest. Le maire était can-
» didat au Conseil général. L'autorité a fait afficher à tous les carre-
» fours de la ville qu'une somme de 500 fr. était accordée, grâce à
» l'intervention du maire, au bureau de bienfaisance, sur les fonds
» que nous avons dernièrement votés ; et cette promesse était publiée
» la veille de l'élection.

» Je demande au Gouvernement de vouloir bien appliquer les doc-
» trines du rapport que vous venez d'entendre pour faire annuler
» cette élection. (Très-bien ! très-bien ! autour de l'orateur.)

» S. Exc. M. Rouher, ministre d'Etat.

....

» Je ne répondrai pas à une observation de l'honorable M. Pelle-
» tan, relative à je ne sais quelle élection d'un maire...

» M. E. Pelletan. A Niort (Deux-Sèvres), il y a trois jours !

» M. le Ministre d'Etat. Je n'ai pas personnellement connaissance » de ce fait, il m'est impossible de me livrer à aucune explication » sur ce point qui ne m'a pas été préalablement signalé. Si M. Pel- » letan attache une importance quelconque à son observation, il en » fera la matière d'une interpellation en temps utile. Il ne m'est pas » possible de répondre aujourd'hui à une question aussi imprévue » sur un fait qui se serait passé dimanche dernier, d'après ce que » j'entends dire autour de moi. »

....

A la suite de ce compte-rendu *autre*, la *Revue de l'Ouest* dit qu'aucun placard n'a appris aux électeurs qu'une somme de 500 fr. avait été, sur la demande du maire, accordée au bureau de bienfaisance.

Si cette nouvelle avait été annoncée par l'autorité, non au moyen d'une affiche, mais d'un journal qu'elle inspirerait, se tirant, d'après certains dires, à trois mille exemplaires et plus, et cela non la veille de l'élection, mais onze jours avant, il nous semble que la publicité serait encore plus grande et que la question deviendrait plus grave. Or, sur ce point, les aveux de la *Revue de l'Ouest* sont précieux !

« L'annonce de cette allocation qui, par parenthèse, est inférieure à celles des années précédentes, a fait simplement, onze jours avant l'élection, et suivant l'usage, l'objet d'un entrefilet en trois lignes, dans notre journal.

» Est-il possible que ce simple entrefilet de notre chronique locale ait pu, de bonne foi, être élevé aux proportions d'une affiche monstre couvrant les murs de tous nos carrefours. »

Avec quel soin le journal administratif cherche à atténuer les faits ! Il ouvre des parenthèses, invoque des usages, constate l'infériorité relative de la somme allouée cette année au bureau de bienfaisance; puis il n'a publié sur cette affaire que trois lignes, pas même la largeur de sa langue.

En termes de jurisprudence : *habemus confitentem reum* — le prévenu avoue.

C'est en effet la *Revue de l'Ouest* qui, au-dessous de la place d'honneur réservée au candidat officiel, a publié l'entrefilet en question. L'intention était manifeste. Les journaux ne s'y sont pas mépris, puisqu'ils ont commenté successivement avec esprit la note du journal administratif, sans que ce dernier fît la moindre objection, sans qu'il vînt leur dire : « Vous dénaturez mes actes ; je n'ai point voulu donner à cet entrefilet la portée que vous lui attribuez. »

Aujourd'hui que l'élection est faite, la *Revue de l'Ouest* réclame, va au-devant des reproches qu'elle sent qu'elle a mérités ; il est trop tard.

Nous ne nous occuperons pas des réflexions par lesquelles la *Revue de l'Ouest* termine son article :

« Notre respect pour le grand corps de l'Etat, dont fait partie M. Pelletan, nous arrête, et nous nous abstenons de qualifier son procédé avec la juste sévérité que mériterait l'aplomb superbe avec lequel l'opposition produit des assertions matériellement fausses. »

Si nous devions aborder la discussion à laquelle semble nous convier ici la demi-modération de la *Revue de l'Ouest*, nous aurions à opposer une revue restrospective des plus intéressantes, depuis seulement les renseignements donnés sur le tirage du *Phare de la Loire* et celui de la *Gironde* jusqu'à l'incident Kervéguen, qui ne s'est point vidé à l'avantage de la majorité ; mais nous nous taisons aussi par respect pour les grands corps de l'Etat, après avoir suffisamment démontré que la feuille préfectorale, en attaquant l'éloquent et libéral député de la Seine, n'a blessé qu'elle-même.

Maudit entrefilet !

DELAVAULT.

(Extrait du *Mémorial* du 12 mars 1868.)

La *Revue de l'Ouest*, journal de la préfecture, a-t-elle, oui ou non, publié que, grâce à l'influence du maire, une somme de 500 fr. était allouée au bureau de bienfaisance ?

L'a-t-elle, oui non, publié au moment où le maire était candidat officiel à Niort, et immédiatement après l'annonce de sa candidature ?

La question est là. Quant au mode de publicité, que la publicité ait eu lieu au coin d'un carrefour où dans le journal administratif, vraiment la différence ne vaut pas la peine d'un erratum.

Ce n'est pas le mode de publicité que nous avons blâmé, c'est la publicité elle-même, parce qu'elle nous a paru friser la manœuvre électorale.

Et maintenant, nous craignons bien que la *Revue de l'Ouest*, à voir les explications dans lesquelles elle est entrée, n'ait commis une imprudence à l'égard de M. le préfet.

Pourrait-elle nous dire, au lieu d'invoquer certains précédents et de risquer des plaisanteries sur les affiches-monstres, si, pour cet entrefilet électoral, M. le préfet des Deux-Sèvres a été approuvé ou désapprouvé par son chef hiérarchique, M. le ministre de l'intérieur ?

Nous attendons sa réponse, car la lenteur qu'elle a mise à parler de faits qui s'étaient passés le 4 mars à la chambre, et la promptitude avec laquelle elle s'est ensuite dérobée à la discussion, nous ont laissé des doutes.

DELAVAULT.

(Extrait du *Mémorial* du 17 mars 1868.)

Nous avons prouvé de la manière la plus formelle et la plus péremptoire que l'allégation de M. Pelletan, devant le Corps législatif, au sujet d'affiches placardées dans tous les carrefours de Niort, la veille de l'élection d'un conseiller général, était fausse. Nous avons mis au défi M. Pelletan d'en faire la matière d'une interpellation, et il a gardé un *silence* prudent.

Le *Mémorial des Deux-Sèvres* n'imite pas cette circonspection. Il paye d'audace, et, selon son habitude, il cherche à dénaturer les faits, afin de donner le change aux esprits. Que lui importe qu'il y ait eu ou qu'il n'y ait pas eu d'affiches dans tous les carrefours. S'il n'y en a pas eu, et si la publicité a été produite onze jours avant l'élection par la *Revue de l'Ouest*, le fait est encore bien plus grave. Il faut que le *Mémorial* compte sur plus que de la naïveté de la part de ses lecteurs pour qu'il espère leur faire accepter un pareil argument.

L'allégation de M. Pelletan a été précise et catégorique. Son intention n'a pas été de blâmer une publicité toute naturelle et qui est dans les habitudes de la presse ; non, il voulait désapprouver un affichage à tous les carrefours. Eh bien ! cet affichage n'a existé que dans l'imagination de M. Pelletan. Nous avons prouvé que ce fait était complètement faux. Nous maintenons notre dénégation envers et contre les subtilités et les échappatoires du *Mémorial*.

L. FAVRE.

(Extrait de la *Revue de l'Ouest* du 19 mars 1868.)

La *Revue de l'Ouest* a publié, au moment des élections, un entrefilet par lequel elle annonçait qu'un secours de 500 fr. avait été accordé, sur la demande du maire, au bureau de bienfaisance.

Nous lui avons demandé si cet entrefilet, qu'elle a essayé depuis de justifier, n'avait point attiré un blâme à l'autorité préfectorale.

Au lieu de nous répondre, elle continue à faire dans son numéro du 19 mars des *distinguo* entre une affiche et un article de journal.

Notre question a été nette, nous demandons à la *Revue de l'Ouest* une réponse qui le soit.

DELAVAULT.

(Extrait du *Mémorial* du 21 mars 1868.)

La *Revue de l'Ouest* n'a pas répondu à notre question. Ce silence est un aveu du blâme ministériel qu'a reçu l'autorité préfectorale des Deux-Sèvres.

DELAVAULT.

(Extrait du *Mémorial* du 26 mars 1868.)

On lit dans la *Revue de l'Ouest* du 28 mars :

« Le *Mémorial des Deux-Sèvres* interprète fort mal notre réserve. Dans notre silence, il faut voir l'indice de l'indifférence absolue avec laquelle nous accueillerons, désormais, un genre de polémique qui dénature systématiquement les faits et qui intervertit si étrangement les situations. »

Puisque la *Revue de l'Ouest* refuse de répondre à notre question, nous allons faire nous-même la réponse :

« M. le ministre de l'intérieur a trouvé blâmable la réclame électorale du journal de la préfecture, il l'a blâmée, avant même que M. Eugène Pelletan portât le fait à la tribune. »

DELAVAULT.

(Extrait du *Mémorial* du 31 mars 1868.)

M. Alfred Monnet, maire de la ville de Niort, a été élu, dimanche dernier, membre du Conseil général par le premier canton de Niort. Il a obtenu 2,392 voix. M. Alphonse Frappier a eu 663 suffrages.

Cette élection est doublement significative. D'abord, notre population a tenu à payer une dette de reconnaissance à M. Alfred Monnet, son maire, si zélé, si dévoué, si bienveillant. Puis, ensuite, elle a voulu aussi, sans doute, montrer sa sympathie pour le candidat recommandé au nom du Gouvernement par l'Administration départementale.

On avait accusé celle-ci de trop de précipitation dans son appréciation de la situation électorale et dans ses résolutions. Nous dirons simplement aujourd'hui, que si le coup-d'œil a été rapide, il ne manquait pas de justesse.

L. FAVRE.

(Extrait de la *Revue de l'Ouest* du 3 mars 1868.)

L'INITIÉ & L'INITIATEUR

On n'a pas oublié que M. Stéphen Liégeard, sous-préfet de Parthenay en 1863, a été l'un des parrains de M. Eugène Lasnonier, député de la deuxième circonscription électorale des Deux-Sèvres.

Mais tous les électeurs n'ont peut-être pas remarqué un fait intéressant, qui nous a paru mériter de leur être signalé.

M. Stéphen Liégeard a été élu l'année dernière député de la Moselle, et depuis nous avons lu ses discours et observé ses votes avec une attention bien naturelle de la part d'anciens administrés.

Nous n'avons pas encore été mis à même de comparer les discours de M. Stéphen Liégeard avec ceux de M. Eugène Lasnonier, mais déjà nous pouvons comparer leurs votes.

Il eût semblé tout naturel que ceux de l'ancien sous-préfet rappelassent par leurs préoccupations autoritaires, ses origines administratives, le zèle d'un ancien fonctionnaire et le bonapartisme lyrique de l'auteur des *Abeilles d'or*.

Qui ne se fût attendu, au contraire, parmi les anciens amis de M. Eugène Lasnonier, à des votes plus favorables à la liberté que ceux de M. Stéphen Liégeard?

Aussi, quel n'a pas été l'étonnement de ceux qui avaient prodigué de bonne foi, au nom et en faveur de leur candidat préféré, les protestations libérales, en voyant que, pour la seconde fois en peu de jours, l'initié et l'initiateur avaient différé d'opinion et de conduite, et que le moins libéral des deux n'est pas celui qu'on pense.

Le Corps législatif a repoussé, à la majorité de 135 voix contre 71, l'article 12 du projet de loi relatif à la presse.

L'article 12 était ainsi conçu :

« En cas de récidive, tout individu condamné pour délit de presse, commis par la voie d'un journal ou d'un écrit périodique, ou par un écrit non périodique soumis au timbre, peut être, par le jugement de condamnation, suspendu pendant un temps qui n'excèdera pas cinq ans, de l'exercice de ses droits électoraux. »

Sur la liste des députés *qui ont voté contre*, nous voyons figurer le nom de M. Stéphen Liégeard.

L'honorable M. Eugène Lasnonier figure sur la liste, non pas des absents, mais de ceux qui *n'ont pas pris part au vote*.

Cette abstention est déjà un progrès libéral du député de Parthenay.

Quelques jours auparavant, à la séance du samedi 22 février, dont on peut lire le compte-rendu dans le numéro 54 du *Moniteur*, le dimanche 23 février, le Corps législatif avait à se prononcer sur un amendement proposé par M. Darimon, et ainsi conçu :

« Les dispositions énoncées aux articles 11, 15 et 16 de la loi du 26 mars 1822, et aux articles 14 et 16, § 1er, du décret organique de la loi du 17 février 1852, ne peuvent porter atteinte aux droits qu'ont tous les journaux et écrits périodiques, de discuter et d'apprécier, tant les discours tenus dans le sein du Sénat et du Corps législatif, que les rapports et toutes autres pièces imprimées par l'ordre d'un de ces deux grands corps de l'État.

» Toutefois, la discussion ou l'appréciation des discours ne pourra avoir lieu qu'autant que, dans le journal ou l'écrit périodique, elle aura été précédée, accompagnée ou immédiatement suivie de la publication de l'un des comptes-rendus indiqués dans le Sénatus-Consulte du 2 février 1861. »

Par exception, l'amendement était adopté par la minorité de la Commission, et M. Nogent-Saint-Laurens, le rapporteur, s'était fait l'organe de ce sentiment libéral.

On voit que la liberté et le droit de discussion des débats du Corps législatif par la presse étaient en cause.

Au nombre des 61 députés qui *ont voté pour*, nous trouvons le nom de M. Stéphen Liégeard. Mais, cette fois, M. Eugène Lasnonier ne s'était pas abstenu, il avait bel et bien *voté contre*.

Ainsi, quand il s'agit d'un article qui aggrave une pénalité contre la presse, et que le Corps législatif repousse à un grande majorité, M. Lasnonier sait se séparer de la majorité et ose s'abstenir.

S'agit-il de proclamer, même d'accord avec une partie de la Commission et son rapporteur, la liberté et le droit de discussion, M. Lasnonier n'hésite plus et ose *voter contre*.

Les électeurs apprécieront.

Nous concevons la surprise et la douleur des anciens amis libéraux de M. Eugène Lasnonier. Quant à nous, nous n'éprouvons aucune douleur, car n'ayant jamais partagé leurs illusions, nous n'éprouvons aucune surprise.

Nous nous bornons à placer ces faits instructifs sous les yeux des électeurs, en les recommandont à leurs réflexions et à leur souvenir.

Ils auront plus tard à faire connaître l'impression qu'ils en auront reçue et le jugement qu'ils en portent.

DELAVAULT.

(Extrait du *Mémorial* du 24 mars 1868.)

Le *Mémorial des Deux-Sèvres* reproche à M. Eugène Lasnonier d'avoir, pendant la discussion de la loi sur la presse, repoussé un amendement de M. Darimon, concernant le droit de discussion des débats du Corps législatif par les journaux. Aux yeux du *Mémorial*, ce vote doit plonger dans la surprise et la douleur les anciens amis libéraux de M. Eugène Lasnonier. Ce journal parle-t-il sérieusement, oui ou non ? Car s'il y a un acte anti-libéral dans cette question, c'est réellement la proposition faite par le député de la Seine. Que voulait-il ? Nous allons voir qu'il ne demandait ni plus ni moins que l'interdiction absolue imposée aux journaux de province de faire la moindre allusion aux séances du Corps législatif et du Sénat. Voici le texte de cet amendement :

« Les dispositions énoncées aux articles 11, 15 et 16 de la loi du 26 mars 1822, et aux articles 14 et 16, § 1er, du décret organique du 17 février 1852, ne peuvent porter atteinte aux droits qu'ont tous les journaux et écrits périodiques, de discuter et d'apprécier, tant les discours tenus dans le sein du Sénat et du Corps législatif, que les rapports et toutes autres pièces imprimées par l'ordre d'un de ces deux grands corps de l'Etat.

» Toutefois, la discussion ou l'appréciation des discours ne pourra avoir lieu qu'autant que, dans le journal ou l'écrit périodique, elle aura été précédée, accompagnée ou immédiatement suivie de la publication de l'un des comptes-rendus indiqués dans le Sénatus-Consulte du 2 février 1861. »

Ainsi, cet amendement ne permettait la discussion ou l'appréciation des séances du Corps législatif qu'aux journaux publiant les comptes-rendus officiels. N'était-ce pas interdire toute discussion et toute appréciation à la presse de province, qui est dans l'impossibilité de publier les comptes-rendus indiqués dans le sénatus-consulte du 2 février 1861 ? M. Eugène Lasnonier n'a pas voulu sacrifier la presse de province à celle de la capitale. Il a parfaitement agi, avec une haute intelligence et une parfaite équité. Nous le remercions de son vote, qui mérite nos éloges et notre reconnaissance.

L. FAVRE.

(Extrait de la *Revue de l'Ouest* du 26 mars 1868.)

Nos lecteurs se rappellent dans quelles circonstances surtout est né l'amendement de M. Darimon. Dix journaux au moins étaient poursuivis. M. Darimon demandait que l'on ne se contentât plus des déclarations des ministres et des instructions des circulaires, et que le droit de discussion des débats du Corps législatif fût reconnu par un texte formel. Or, la *Revue de l'Ouest* prétend que s'il y a « un acte anti-libéral », c'est la proposition du député de la Seine, parce que les journaux de province étant dans l'impossibilité de reproduire les comptes-rendus officiels, perdraient par là le droit d'apprécier les débats législatifs, d'y faire allusion même. Elle amnistie M. Eugène Lasnonier du reproche que nous avons osé lui faire, et déclare qu'en votant contre l'amendement de M. Darimon, il a pris les intérêts de la presse départementale et accompli un acte de « haute intelligence et de parfaite équité. »

Voilà M. Stéphen Liégeard jeté à la mer!

Nous n'avons point à aller contre le certificat d'aptitude délivré au député de la deuxième circonscription. Seulement nous ferons remarquer que MM. Berryer, Jules Favre, Eugène Pelletan, Ernest Picard, Jules Simon et Thiers, ont voté pour l'amendement de M. Darimon. Or, on accordera bien quelque intelligence aux honorables députés dont nous venons de citer les noms, et on ne les accusera pas d'être défavorables à la presse de province. Il y a plus, M. Eugène Lasnonier, d'après la thèse de la *Revue de l'Ouest*, se serait compromis, car il eût été plus libéral que l'opposition. Ce ne serait pas la première fois que le journal administratif tirerait sur les siens, car nous savons comment s'est terminée la discussion relative au célèbre entrefilet.

Quant au vote de M. Eugène Lasnonier, il n'est pas nécessaire, pour l'expliquer, de remonter aussi haut que la *Revue de l'Ouest*. M. Eugène Lasnonier a voté contre l'amendement de M. Darimon, parce qu'il lui a paru plus convenable de laisser la question indécise, parce qu'il s'en est remis comme toujours au gouvernement du soin de nous conduire chaque jour vers des destinées meilleures, parce qu'il est inspiré de cet esprit de conduite qui ne l'a point abandonné depuis le début de sa carrière législative.

DELAVAULT.

Les lignes qui précèdent étaient déjà composées, lorsqu'un de nos amis nous a adressé sur le même sujet l'article suivant :

Il y a une chose plus surprenante que les votes de l'honorable M. Eugène Lasnonier, c'est la manière dont la *Revue de l'Ouest* prétend les expliquer et les défendre.

Quoi ! le sévère décret du 17 février 1852 a reçu une interprétation si rigoureuse, que les droits de la discussion et de l'appréciation ont paru menacés.

Depuis le jugement de première instance qui les a frappés, les journaux, ignorant la limite de leur droit, ont dû attendre en silence une nouvelle définition juridique du compte-rendu parallèle, parasite ou autre.

Un député veut faire reconnaître dans la loi sur la presse, pour le placer en dehors et au-dessus de toute contestation, le droit des journaux ou écrits périodiques de discuter et d'apprécier les discours tenus dans le sein du Sénat et du Corps législatif; et parce qu'il le subordonne, pour mieux le garantir, aux conditions de publication exigées par le Sénatus-Consulte du 2 février 1861, la *Revue de l'Ouest*, journal ultrà-libéral de la préfecture, nous déclare sérieusement que reconnaître législativement un droit contesté par jugement aux journaux même qui remplissent toutes les conditions, c'est l'enlever aux journaux de province qui ne voudraient pas les remplir.

Est-ce que, par hasard, les plus libres d'entre les officieux de Paris ou de la province seraient soumis à un autre régime que celui dont ils déclarent se contenter: la tolérance d'un grossier encens pour qui les inspire, et celle d'injures plus grossières encore pour ceux qu'on désigne à leurs outrages ?

Espère-t-on masquer un pauvre sophisme en revendiquant l'égalité dans la servitude, car c'est là tout ce qu'on demande et ce qu'on s'applaudit de posséder.

En ne lisant que la *Revue de l'Ouest*, on pourrait supposer que nous n'avions adressé qu'un seul reproche à M. Eugène Lasnonier. Si la *Revue* espère faire prendre le change à ses lecteurs sur une moitié de nos arguments et leur dissimuler l'autre, elle a trop compté sur leur simplicité et sur la nôtre.

Nous l'engageons à préparer, si elle le peut, à défaut d'une dénégation impossible ou d'une dissimulation de peu de durée, une défense plus concluante et plus complète; car il nous paraît au moins douteux que ses remercîments, ses éloges et sa reconnaissance soient pour les électeurs une suffisante atténuation des votes évidemment peu libéraux que nous avons signalés une première fois.

Nous lui promettons bien d'y revenir et de lui fournir l'occasion d'essayer d'un autre système de défense.

MOISSENET.

(Extrait du *Mémorial* du 28 mars 1868).

Notre réponse au *Mémorial* sur l'amendement Darimon a tellement déconcerté cette feuille, qu'elle est obligée d'appeler à son aide un obligeant ami, pour l'aider à se remettre en selle. Mais cette aide est d'une bien mince valeur. Au lieu d'avoir recours à un raisonnement juste et concluant, afin de placer les faits sous leur véritable jour, il se lance dans des récriminations contre la presse officieuse. Nous ne nous donnerons pas la facile satisfaction de retourner ces injures contre la feuille d'opposition et de montrer qu'elles vont directement à cette adresse; mais nous leur opposerons notre dédain habituel. C'est la meilleure et la plus digne de toutes les réponses. Si l'*obligeant ami* du *Mémorial* veut que nous discutions ses articles, qu'il adopte une forme convenable de polémique. C'est une liberté qu'il voudra bien nous concéder ou que nous prendrons, sans sa permission.

Examinons maintenant le premier article du *Mémorial*, le seul qui mérite notre attention.

Nous avons prouvé d'une manière claire, précise et nette que l'amendement de M. Darimon était le coup le plus funeste qu'on pût porter à la presse de province. S'il eut été adopté, les journaux des départements se seraient vu dans l'impossibilité d'apprécier ou de discuter les discours des sénateurs et des députés. Le *Mémorial*, qui a *voulu* publier les comptes-rendus de la discussion sur la loi de la presse, et qui n'a *pu* aller au-delà de quelques séances, n'aurait pas eu dès-lors le droit de discuter cet amendement même. Il lui serait interdit d'aborder une pareille discussion, ainsi que toutes celles concernant une séance du Sénat ou du Corps législatif, dont il n'aurait pas publié ou pris l'engagement de publier le compte-rendu officiel.

Est-ce là du progrès? Est-ce de la liberté? Est-ce de la justice?

C'est cependant ce que regrette notre feuille libérale et M. Darimon. Cet amendement était injustement restrictif. Il donnait la liberté de discussion à la presse de la capitale, mais il faisait peser la plus déplorable et la plus injuste servitude sur la presse départementale. Ce n'est certes point là le désir des électeurs de la province. Ils savent qu'ils sont bien plus sûrement et plus exactement renseignés sur toutes choses par la presse locale que par les journaux de Paris, dans lesquels ils ont une médiocre confiance.

Il fallait, dit le *Mémorial*, qui ne pouvant trouver de bonnes raisons en donne de mauvaises, *que le droit de discussion des débats du Corps legislatif fût reconnu par un texte formel.*

Oui, répondrons-nous. Mais il fallait que M. Darimon demandât la liberté de discussion et d'appréciation pour tous les journaux, sans une condition qui rendait ce droit illusoire pour la presse départementale.

Heureusement qu'il s'est trouvé des députés qui n'ont pas mis en oubli la province et ses droits. Ils n'ont pas voulu consacrer le principe d'une inégalité aussi choquante, et ils ont agi au point de vue de l'équité et sous une inspiration très-libérale.

Les membres de l'opposition n'ont pas imité cet exemple. Loin de les en féliciter, comme le fait le *Mémorial*, nous leur adressons un blâme pour leur vote, qui sacrifiait la province à la capitale.

L. FAVRE.

(Extrait de la *Revue de l'Ouest* du 31 mars 1868.)

La *Revue de l'Ouest* aurait-elle l'obligeance de nous fournir un renseignement que nous ne pourrions trouver au *Moniteur?*

Puisque M. Eugène Lasnonier devait, à en croire la *Revue*, se faire un scrupule de voter un amendement qui laissait subsister une restriction légale, et que son intelligence et son équité répugnaient si fort à voter d'accord avec MM. Thiers, Picard, Pelletan, Jules Simon, Jules Favre et Stéphen Liégeard, pourquoi donc avait-il laissé échapper une belle occasion de concilier un vif amour de la Liberté de la presse avec les scrupules les plus délicats? Cette occasion était venue s'offrir avant le vote de l'amendement de M. Darimon.

MM. Marie, Jules Favre, Hénon, Pelletan et Bethmont avaient proposé l'abrogation pure et simple des articles 14, 16 et 18 du décret du 17 février 1852 :

ART. 14. Toute contravention à l'article 42 de la constitution sur la publication des comptes rendus officiels des séances du Corps législatif sera punie d'une amende de 1,000 à 5,000 francs.

ART. 16. Il est interdit de rendre compte des séances du Sénat et du Corps législatif autrement que par la reproduction des articles insérés au journal officiel.

Il est interdit de rendre compte des séances non publiques du conseil d'Etat.

ART. 18. Toute contravention aux dispositions des articles 16 et 17 de la présente loi sera punie d'une amende de 50 francs à 5,000 francs, sans préjudice des peines prononcées par la loi, si le compte-rendu est infidèle et de mauvaise foi.

Le Corps législatif n'ayant pas voté au scrutin sur la prise en considération de cet amendement, nous ne pouvons savoir si M. Lasnonier l'a voté, oui ou non, par assis et levé ; mais nous savons bien certainement qu'il ne s'est pas associé aux honorables auteurs de l'amendement pour le proposer, car son nom ne figure pas à côté des leurs.

Mais si on pouvait satisfaire, en votant l'abrogation pure et simple, le sentiment le plus énergique et le plus jaloux, nous devons convenir franchement qu'on s'exposait à compromettre ses titres aux éloges et à la reconnaissance de la *Revue de l'Ouest*.

Sans nous montrer si exigeant, bornons-nous donc, comme on nous y convie, à démontrer de nouveau le sens du vote sur la *prise en considération* de l'amendement de M. Darimon. Nous en demandons pardon à nos lecteurs, qui savent depuis longtemps à quoi s'en tenir sur la valeur des raisons et des prétextes qu'on nous oppose.

L'amendement de M. Darimon se composait de deux parties distinctes : Le paragraphe 1er consacrait le droit de discussion et d'appréciation des débats législatifs. L'auteur de l'amendement rappelait que l'article 4 de la loi du 11 août 1848, qui défendait l'excitation à la haine et au mépris du gouvernement, avait, par une disposition spéciale, reconnu le droit de discussion et de censure des actes du pouvoir exécutif et des ministres. « Pourquoi, disait-il, le droit de discussion affirmé par la loi vis-à-vis du pouvoir exécutif, ne le serait-il pas vis-à-vis du pouvoir législatif? »

Le paragraphe 2 de l'amendement subordonnait la faculté de discussion à l'insertion de l'un des comptes-rendus officiels. La commission du Corps législatif s'était divisée au sujet de cet amendement. La minorité avait été d'avis d'adopter le paragraphe 1er et d'insérer dans la loi l'affirmation expresse du droit de discussion ; mais elle avait été d'accord avec la majorité pour écarter le paragraphe 2.

Elle pensait, comme la *Revue de l'Ouest*, que l'admission absolue de l'amendement pourrait avoir pour résultat d'aggraver la condition des journaux de province, qui, à cause de leur format restreint, ne pourraient insérer un compte-rendu officiel. Cette objection fut reproduite avec vivacité dans la discussion par M. le ministre d'État.

M. Jules Favre répondit péremptoirement à cette objection en rappelant l'opinion émise par la minorité de la Commission : « Il ne peut y avoir d'inquiétude, dit-il, sur le sort de la presse de province, *puisqu'il s'agit d'une prise en considération*, et que la Commission demeure maîtresse de nous représenter l'amendement sous la forme la meilleure. J'ajoute, avec l'autorité de M. le rapporteur, que la Commission a éprouvé les mêmes scrupules, que M. le ministre d'État partage les mêmes sentiments, et qu'en conséquence la Chambre ne doit avoir aucune espèce de scrupule, si elle est fixée sur le paragraphe 1er, d'adopter l'amendement. »

C'est à la suite de ces observations, qui précisaient le véritable caractère du débat, que la Chambre a voté *sur la prise en considération* de l'amendement.

Les noms des membres qui avaient formellement déclaré n'accepter que le paragraphe 1er de l'amendement se retrouvent à côté de ceux des partisans de l'amendement tout entier.

Les membres qui ont voté *contre la prise en considération*, comme M. Eugène Lasnonier, ont au contraire expressément déclaré qu'aucun des denx paragraphes ne leur paraissait mériter l'attention de la Commission. Ils ont voté à la fois contre la disposition qui subordonne le droit de discussion à l'insertion du compte-rendu et contre celle qui consacrait le droit même de discussion.

Ce n'est pas malgré nous que cette recherche s'est prolongée et surtout étendue ; mais ce n'est pas non plus notre faute, ou notre mérite. Nous ne nous étions pas, on s'en souvient, embarqué à la recherche de l'absolu.

Nous avions discrètement essayé une simple comparaison entre quelques votes de M. Stéphen Liégeard et de M. Eugène Lasnonier. Ce n'était pas notre faute non plus, si cette étude nous avait mené si vite à des différences inattendues et si le résultat était tout au profit du libéralisme relatif de l'ancien sous-préfet de Parthenay. Si un nouvel examen nous a mis à même de confirmer nos premières appréciations, c'est au zèle de la *Revue de l'Ouest* que nous en sommes tous redevables. Qu'elle veuille bien agréer, sinon des éloges, que nous n'oserions pas lui offrir, du moins des remerciements et l'expression de notre reconnaissance.

Nous espérons y ajouter bientôt celle de lecteurs plus nombreux encore, car si la *Revue* désire prolonger ce débat instructif, nous lui promettons de former un petit recueil des pièces les plus intéressantes de ce procès. Nous les soumettrons avec respect, mais sans crainte,

AUX ÉLECTEURS NOS JUGES.

DELAVAULT.

(Extrait du *Mémorial* du 2 avril 1868.)

Nous reproduisons un article du *Mémorial* du samedi, 28 novembre 1863. Nos lecteurs y trouveront la preuve de la constance des opinions et des votes de M. Eugène Lasnonier depuis ses débuts au Corps législatif jusqu'à ce jour. Moins indépendant que M. Ferdinand David en 1863, nous le retrouvons, en 1868, moins libéral que M. Liégeard, ancien sous-préfet de Parthenay :

Le nom de M. Ferdinand David fait partie de l'imposante minorité qui a protesté contre les moyens employés dans la 2e circonscription de Seine-et-Marne pour assurer l'élection de M. de Jaucourt. Nous applaudissons à cet acte d'indépendance.

M. Lasnonier, au contraire, a voté pour la validité des opérations électorales qui ont eu lieu dans cette circonscription.

M. Lasnonier nous ayant déclaré dans sa profession de foi qu'il voulait *la conciliation des esprits et la paix du monde*, *que les tendances de son esprit le portaient vers le développement progressif de nos libertés publiques*, nous serons heureux de constater le libéralisme de ses votes, quand il nous en fournira l'occasion.

Nous sommes d'autant plus autorisé à présenter ces observations, qu'un des membres de la majorité, M. Segris, qui a combattu avec chaleur l'élection de M. de Jaucourt, ainsi que l'atteste le compte-rendu que nous reproduisons plus loin, a dit que « le peuple des départements avait voté à la fois pour l'Empire et pour la Liberté. »

DELAVAULT.

(Extrait du *mémorial* du 2 avril 1868.)

ÉLECTION DE CHAMPDENIERS

La mort fait des vides nombreux parmi les membres de notre Conseil général. M. Victorin de la Roulière a succombé samedi dernier, à une longue maladie qui laissait peu d'espoir de guérison. Il était cependant encore dans la force de l'âge. Longtemps membre du conseil municipal de Niort et du Conseil général de notre département, il a rendu des services dont on gardera un long souvenir.

(Extrait de la *Revue de l'Ouest* du 18 février 1868.)

Il y a environ un mois que M. de la Roulière, membre du Conseil général, est décédé.

Cependant les électeurs du canton de Champdeniers ne sont pas encore convoqués pour lui donner un successeur.

L'administration porte le deuil de M. de la Roulière beaucoup plus longtemps que celui de M. Pougnet.

Nous n'oserions nous flatter de l'idée que nos observations et les réflexions du public de Niort soient pour quelque chose dans cette différence de conduite. Nous saurons peut-être bientôt les raisons qui n'ont pas permis cette fois d'allier la *rapidité* à la *justesse du coup d'œil.*

DELAVAULT.

(Extrait du *Mémorial* du 12 mars 1868.)

LA LEÇON DE LECTURE

Mardi dernier, 31 mars, MM. les instituteurs du canton de Champdeniers ont été réunis à 9 heures du matin, à Saint-Christophe-sur-Roc, et à une heure de l'après-midi, à Xaintray.

Le prétexte spécieux de cette convocation extraordinaire était l'étude d'une nouvelle méthode de lecture ; mais on croit savoir que l'étude d'une vieille méthode électorale, déjà mise plusieurs fois en pratique avec des succès divers, a partagé au moins également le temps et l'attention de cette double conférence.

MM. les inspecteurs présidaient l'un et l'autre ces réunions dans lesquelles les mérites et les chances des candidats aspirants au patronage offfciel ont été consciencieusement et vivement examinés.

Nous désirons que ces graves études, précédées déjà de longs travaux préliminaires, aboutissent enfin et permettent à l'Administration de convoquer les électeurs du canton de Champdeniers.

Elle sait, comme nous, que le délai légal expire le 15 avril.

Elle sait, comme nous, que l'art. 11 de la loi de 1833 est impératif.

L'Administration ne voudrait pas se rendre coupable d'une violation de la loi, ce qui serait d'un fâcheux exemple. Il est déjà bien assez regrettable que les hésitations préparatoires auxquelles elle s'est livrée, et dont tout le monde parle, aient placé l'Administration dans l'impossibilité d'accorder aux électeurs le délai de vingt jours entre la convocation et l'élection.

Quant à MM. les électeurs, ils continuent à s'instruire à ces conférences d'adultes. Nous espérons bien pouvoir, grâce à la nouvelle méthode, assembler cette fois les mots dont nous avions déjà réussi à épeler quelques lettres.

DELAVAULT.

(Extrait du *Mémorial* du 4 avril 1868)

ÉLECTION DE CHAMPDENIERS

L'article 11 de la loi des 22-25 juin 1833 sur l'organisation des Conseils généraux et des Conseils d'arrondissement est ainsi conçu :

« En cas de vacance par option, *décès*, démission, perte des droits civils ou politiques, l'Assemblée électorale qui doit pourvoir à la vacance sera réunie dans le délai de deux mois. »

On annonce qu'une conférence agricole aura lieu le 13 de ce mois à Champdeniers. On espère que M. Giraud voudra bien la présider.

DELAVAULT.

(Extrait du *Mémorial* du 7 avril 1868.)

LES ON DIT

On dit à Menigoute et ailleurs que, lundi, l'un des maires du canton s'était permis d'apprécier avec une certaine énergie des votes que la *Revue de l'Ouest* protège en vain de ses *éloges* et de sa *reconnaissance*.

On dit que mercredi ce maire a été appelé à la sous-préfecture de Parthenay pour s'entendre reprocher la l'berté grande qu'il avait prise. Ah ! si l'on appelait tous ceux qui prennent la même liberté, quelle foule et quel encombrement !

On supposait, bien à tort, que M. le maire apportait sa démission. Tous nos lecteu s l'approuveront fort de l'avoir refusée et d'attendre, sans la moindre crainte, pour faire la remise de son écharpe, qu'on ose lui prouver par une *révocation* qu'il n'est plus permis à un maire de *jaser*, ni de dire la vérité entre amis.

On dit que dans un autre canton moins éloigné de nous, et que l'Administration surveille en ce moment avec une sollicitude toute particulière, MM. les maires ont été récemment priés de vouloir bien fournir des renseignements sur les progrès que pourrait faire, à l'aide de *patience* et de *longueur de temps*, une candidature administrative.

Pour épargner à MM. les maires des déplacements pénibles, malgré le beau temps dont nous jouissons, on voulait bien les autoriser à faire leurs confidences à M. le commissaire de police cantonal. Que l'on vienne donc après cela disputer sur l'infaillibilité de ces fonctionnaires !

On croit que MM. les maires ne se sont pas sentis tous également flattés de l'autorisation de correspondre ainsi directement avec M. le commissaire, qu'ils ne se sont pas tous montrés reconnaissants de cette attention délicate. Vraiment, MM. les maires de l'Ouest seraient bien dégoûtés. Ils ignorent probablement qu'en 1863, dans un département de l'Est, MM. les commissaires de police convoquaient et haranguaient les conseils municipaux.

Un autre jour, nous dirons un mot du rôle si important, quelquefois hélas ! décisif, que le tambour peut jouer dans une élection, quand l'air national de la *Reine Hortense* ne suffit pas.

Plan ! Plan ! Plan ! Rataplan !

(Extrait du *Mémorial* du 7 avril 1868.)

ÉLECTION DE CHAMPDENIERS

CONSULTATION DE Me ALBERT GIGOT

M. de La Roulière, membre du Conseil général pour le canton de Champdeniers, est décédé le 15 février.

Plusieurs fois déjà (*) nous avons pris la liberté de rappeler, en temps utile, à l'Administration qu'elle s'exposait, par un plus long retard, à violer la loi.

Aujourd'hui, six jours seulement nous séparent du terme extrême que la loi ne permet pas de dépasser. Nos avis ayant été *dédaignés*, nous avons invoqué les conseils de Me Albert Gigot, avocat au Conseil d'État et à la Cour de cassation. Nous donnons plus loin sa réponse.

Si l'autorité de ces conseils, qui s'adressent à tous, était aussi méconnue par l'Administration, nous n'hésiterions pas, quant à nous, à les suivre.

Nous solliciterons en toute confiance de nos amis qu'ils veuillent bien appeler sur la négligence systématique dont nous nous plaignons, l'attention sévère de Son Exc. M. le ministre de l'intérieur.

DELAVAULT.

Voici la consultation de Me Gigot :

Le Conseil soussigné,

Consulté sur la question de savoir :

1° Si les prescriptions de l'article 11 de la loi du 22 juin 1833 ont un caractère rigoureusement obligatoire ;

2° Quelle est la sanction de cet article et quelles sont les

(*) Voir le *Mémorial* des 12 mars et 7 avril.

voies de recours dans le cas où les prescriptions qu'il renferme n'ont pas été observées,

Est d'avis des résolutions suivantes :

I. L'article 11 de la loi du 22 juin 1833 est ainsi conçu :

« En cas de vacance par option, décès, démission, perte des droits » civils ou politiques, l'assemblée électorale qui doit pourvoir à la » vacance sera réunie dans le délai de deux mois. »

Les dispositions de cet article imposent à l'Administration une obligation impérieuse. Le législateur n'a pas voulu qu'un canton pût être privé pendant plus de deux mois d'un représentant au sein du Conseil général ; il n'a pas permis qu'au gré d'un caprice préfectoral, ou pour la satisfaction de convenances ou d'intérêts plus ou moins avouables, la réunion de l'assemblée électorale pût être indéfiniment ajournée. Le préfet du département dans lequel se produit la vacance est donc *tenu* de convoquer les électeurs dans le délai prescrit par l'article précité. S'il manque à cette obligation, s'il donne le dangereux et scandaleux exemple du mépris de la loi qu'il est chargé de faire respecter, il encourt une responsabilité à laquelle, sous un régime de liberté, de publicité et de contrôle, aucun fonctionnaire ne s'exposerait impunément.

Mais la responsabilité du fonctionnaire devant l'opinion et devant ses supérieurs hiérarchiques ne saurait être la seule sanction attachée à l'observation des prescriptions légales, et la violation de l'article 11 de la loi du 22 juin 1833 doit entraîner d'autres conséquences. Ce ne sera pas sans un motif facile à comprendre que l'Administration, se mettant au-dessus des lois, se dérobera à l'obligation qui lui est imposée de convoquer les électeurs dans un délai déterminé. Si elle veut choisir son heure, si elle tient à préparer son terrain, ce sera tantôt pour écarter la présence redoutée d'un candidat indépendant, tantôt pour accroître les chances de succès d'un candidat préféré, descendu dans l'arène électorale, où l'appelle le système des candidatures officielles ; ce sera pour s'y ménager un triomphe plus facile qu'elle traitera la loi comme une lettre morte. La violation de la loi prendra, dans ces conditions, le caractère d'une manœuvre électorale ; elle suffira, dès-lors, pour faire prononcer l'annulation de l'élection du candidat officiel, élu après l'expiration des délais légaux.

II. Ces principes ont été consacrés et reconnus dans une circonstance mémorable. L'article 8 du décret organique du 2 février 1852 exige qu'au cas de vacance par option, décès, démission d'un député ou autrement, les électeurs soient réunis dans le délai de six mois. Une vacance s'étant produite dans le département de l'Aude, l'Administration fit procéder à l'élection au bout de sept mois et cinq jours seulement, afin de rendre possible la candidature de M. Dabeaux, ancien préfet du département, qui ne pouvait être élu que six mois après sa démission. Le Corps législatif, dans sa séance du 25 février 1861, annula l'élection de M. Dabeaux, en se fondant uniquement sur l'inobservation des prescriptions de l'article 8 du décret organique. Il importe de rappeler les termes dans lesquels s'exprimait à cet égard le rapporteur, M. le baron Buquet : (*Moniteur* du 26 février 1861.)

« Vous le voyez, messieurs, disait-il, cet article est impé-
» ratif et absolu ; le législateur a écrit : *est réuni*, afin de ne
» laisser aucun doute sur l'interprétation ; cependant, dans
» l'élection qui nous occupe, le collége n'a été réuni que sept
» mois et cinq jours après la vacance..................

» Que ferait le Corps législatif s'il validait une élection ac-
» complie dans de semblables conditions, et alors surtout qu'il
» se présente cette circonstance que le retard apporté à la réu-
» nion du collége électoral semble avoir été fait dans l'intention
» d'une candidature ? Le Corps législatif, lui, ne ferait-il que
» désobéir à la loi ? A notre avis, son vote aurait une bien
» autre portée. LA CONFIRMATION DE L'ÉLECTION SERAIT LA

» SUPPRESSION, L'ABROGATION DE L'ARTICLE 8 DU DÉCRET ORGA-
» NIQUE.

» *D'ailleurs, si le Corps législatif veut voir les lois qu'il a vo-*
» *tées, entourées de respect et d'autorité, il faut qu'il donne le*
» *premier l'exemple du respect et de l'obéissance devant la loi, et*
» *qu'il engage le gouvernement à observer scrupuleusement ce*
» *principe tutélaire avec lequel tout est aisé et honorable, en dehors*
» *duquel au contraire tout devient embarras et difficulté.* (Très-
» bien ! très-bien !)

» Par ces motifs,

» ... Vu les articles 8 et 30 du décret organique du 2 fé-
» vrier 1852,

» *Considérant qu'il importe de consacrer par un vote le respect*
» *et l'obéissance que tout le monde doit à la loi,*

» Votre 7e bureau a l'honneur de vous proposer d'annuler
» l'élection... »

Le Corps législatif adopta les conclusions du 7e bureau et annula l'élection.

III. Le soussigné n'a rien à ajouter à l'autorité de ce précédent, ni aux conclusions si nettes et si fermes du rapport qui vient d'être rappelé. Soit qu'il s'agisse de l'élection d'un membre du Conseil général, soit qu'il s'agisse de l'élection d'un député, les principes sont les mêmes. Dans l'un comme dans l'autre cas, il importe de rappeler l'Administration *au respect et à l'obéissance que tout le monde doit à la loi.* Dans l'un comme dans l'autre cas, la confirmation de l'élection du candidat officiel élu, après l'expiration des délais légaux, serait la *suppression*, l'*abrogation* des dispositions légales qui déterminent ces délais.

Vainement objecterait-on que le législateur, en fixant ces délais, a eu pour but unique d'empêcher qu'un siége restât vacant pendant les sessions par le fait de l'Administration. Cette objection, développée par M. Billault, n'a pas arrêté le Corps législatif en 1861. Elle n'est d'accord ni avec le texte, ni avec l'esprit de la loi. Les termes de l'article 11 de la loi de 1833 sont impératifs et absolus : une session extraordinaire peut d'ailleurs avoir lieu en dehors des sessions annuelles ; enfin, les membres des Conseils généraux ont, dans l'intervalle des sessions, des attributions importantes au nombre desquelles il suffira de rappeler leur participation aux opérations des conseils de révision.

IV. La nullité de l'élection serait, il faut le reconnaître, une sanction insuffisante, si un préfet, poussant jusqu'au bout le mépris des prescriptions légales, ajournait indéfiniment la réunion des électeurs d'un canton suspect d'indocilité.

Alors que toutes les voies de recours se trouveraient fermées, il ne resterait plus qu'à provoquer sur ces faits des interpellations au sein du Corps législatif : le soussigné ne peut croire que le gouvernement, appelé à s'expliquer devant les représentants du pays, accepte la responsabilité d'une telle atteinte aux droits des électeurs et d'une si audacieuse violation de la loi.

Délibéré à Paris, le 9 avril 1868.

ALBERT GIGOT,

Avocat au Conseil d'État et à la Cour de Cassation.

(Extrait du *Mémorial* du 11 avril 1868.)

ÉLECTION DE CHAMPDENIERS

Les électeurs de Champdeniers sont convoqués pour le 3 mai.

L'administration leur accorde, pour se préparer à l'élection, un délai de vingt jours qui viendra s'ajouter aux deux mois du délai légal, aujourd'hui expiré.

La situation reste telle que nous l'avons caractérisée.

L'élection aura lieu après l'expiration du délai fixé par l'article 11 de la loi du 22 juin 1833.

La loi est et demeure violée.

DELAVAULT.

(Extrait du *Mémorial* du 16 avril 1868.)

ÉLECTION DE CHAMPDENIERS

La *Revue de l'Ouest* avoue — quelle candeur ! — *ne pas comprendre parfaitement l'opportunité* de la consultation de Me Albert Gigot.

Le *Mémorial des Deux-Sèvres* l'a publiée le samedi *onze* avril.

Le lendemain matin, *douze* avril, et non pas le 13, M. le juge de paix, M. le commissaire de police et M. le brigadier de gendarmerie de Champdeniers apprenaient par dépêche télégraphique la convocation des électeurs pour le 3 mai.

L'Administration, par cet empressement, se chargeait ainsi elle-même de faire mieux comprendre à la *Revue l'opportunité* de la consultation.

Que cette feuille nous permette donc de prendre une fois, par exception, sa défense contre elle-même. Elle est vraiment trop modeste, et elle comprend quelquefois mieux et plus vite qu'elle ne veut en avoir l'air.

DELAVAULT.

(Extrait du *Mémorial* du 21 avril 1868.)

Nous devons des remerciements à ceux de nos confrères dont la publicité bienveillante est venue en aide à la nôtre pour faire connaître la consultation de Me Albert Gigot.

Voici les noms des journaux qui ont compris sans peine l'opportunité de notre publication : Le *Temps*, l'*Indépendance belge*, l'*Époque*, l'*Impartial dauphinois*, le *Courrier de la Vienne*, la *Guyenne*, la *Constitution d'Auxerre*.

Nous les prions de recevoir l'expression de notre reconnaissance.

DELAVAULT.

(Extrait du *Mémorial* du 21 avril 1868.)

Élection d'un Conseiller général à Champdeniers.

CANDIDAT INDÉPENDANT :

M. LOUIS TRIBERT

CANDIDAT PATRONNÉ :

M. LE VICOMTE D'AVIAU DE PIOLANT.

(Extrait du *Mémorial* 21 avril 1868.)

On nous écrit de Champdeniers, mardi soir, à neuf heures, que M. X..., maire d'une commune voisine, est mandé demain à la Préfecture, à une heure. On sait que le conseil de révision tiendra sa séance à Champdeniers dans l'après-midi, mercredi.

On se perd en conjectures sur les causes qui portent l'Administration à éloigner un maire de ses conscrits en un moment où sa présence leur est si utile.

DELAVAULT.

(Extrait du *Mémorial* du 23 avril 1868.)

UNE PUBLICATION OPPORTUNE

On lit dans la *Revue de l'Ouest* du mardi 21 avril, à la chronique locale :

Par décision du 16 de ce mois, S. Exc. le ministre de l'instruction publique a accordé un secours de 3,000 fr. à la commune de Pamplie, pour la construction d'une maison d'école de garçons.

La commune de Pamplie fait partie du canton de Champdeniers, qui doit élire un Conseiller général le 3 mai prochain.

La convocation des électeurs porte la date du 13 avril.

Par une coïncidence heureuse, la décision de S. Exc. intervient le 16, trois jours après la convocation des électeurs.

Elle est révélée au public le 21.

Nous comprenons donc parfaitement, et nos lecteurs comprendront comme nous, *l'opportunité* de cette communication.

Soyons justes : L'Administration paraît avoir tenu grand compte de nos réclamations et du blâme dont elle a été récemment frappée pour avoir annoncé, avec trop de naïveté, qu'un secours était accordé au bureau de Bienfaisance de Niort.

Cette fois, grand progrès ! ce n'est plus immédiatement au-dessous du nom du CANDIDAT DU GOUVERNEMENT DE L'EMPEREUR que cet *Avis utile* est inséré. Par un respect croissant pour la délicatesse publique, c'est dans le numéro suivant du Journal de la Préfecture. — Au lieu d'une chétive allocation de 500 fr. pour le bureau de Bienfaisance d'une ville de 20,000 habitants, c'est un secours de 3,000 fr. à une commune qui compte 180 électeurs.

Il y a évidemment progrès parallèle de la générosité et de la décence, sinon de la pudeur administrative.

Pour que rien ne manque à l'édification de nos lecteurs, nous devons ajouter qu'aux élections de 1863, la commune de Pamplie avait donné à M. Tribert 120 voix.

Son concurrent, l'honorable M. Eugène Lasnonier en avait réuni 10.

L'allocation qu'on annonce avec tant d'à-propos ne paraît pas devoir détourner la commune de Pamplie de voter avec le même ensemble pour le candidat indépendant.

Il a déjà été pour plusieurs, en 1863, et il est désormais, quoi qu'il arrive, une source abondante de prospérités.

Avis aux communes qui n'auraient pas encore de candidat indépendant. Qu'elles ne négligent pas de se pourvoir, avant les prochaines élections, d'un concurrent un peu redoutable pour le candidat de l'Administration, car il ne resterait peut-être plus de fonds disponibles pour les communes abandonnées, sans la moindre coquetterie, au candidat officiel.

DELAVAULT.

(Extrait du *Mémorial* du 23 avril 1868.)

L'insistance du *Mémorial des Deux-Sèvres* à revenir sur la non observation du délai légal pour la convocation des électeurs du canton de Champdeniers, nous force à rétablir les faits :

Ce n'est pas 18 jours *après* le délai de deux mois, mais deux jours *avant* l'expiration de ce délai que l'arrêté préfectoral du 13 a réuni ou convoqué l'assemblée électorale. Les prescriptions de la loi ont donc été observées.

Maintenant, examinons la question du délai de 20 jours, usuellement adopté, depuis 1852, pour les élections départementales. Si, entre l'arrêté portant réunion ou convocation des électeurs et le jour fixé pour la votation, il n'était accordé par l'Administration qu'un délai insuffisant, tel par exemple que celui de 8 jours, recommandé aux préfets, en 1848, par le ministre de la République Sénard, le *Mémorial* et ses amis ne manqueraient point de se plaindre de la suppression d'une garantie précieuse pour la liberté et la sincérité du vote à émettre.

Si, au contraire, suivant l'interprétation du *Mémorial*, le délai de vingt jours devait être retranché de celui de 60 jours, fixé par l'article 11 de la loi de 1833, l'Administration n'aurait plus à sa disposition que 40 jours au lieu de 60 que le législateur avait entendu lui assurer.

Ce serait, seulement, dans cette dernière hypothèse qu'on serait fondé à soutenir que la loi « *est et demeure violée.* »

L. FAVRE.

(Extrait de la *Revue de l'Ouest* du 23 avril 1868.)

ÉLECTION DE CHAMPDENIERS

Note NON CONFIDENTIELLE *à MM. les Maires, les Instituteurs et les Electeurs du canton de Champdeniers.*

A la veille de l'élection de Champdeniers, et quand M. le Préfet des Deux-Sèvres appelle successivement dans son cabinet les Maires du canton, il n'est pas inopportun de leur rappeler et de rappeler à MM. les électeurs, que M. le Préfet n'a pas toujours su allier partout la *justesse à la rapidité du coup-d'œil*, comme la *Revue de l'Ouest* l'en félicitait naguère en triomphant de l'échec électoral de l'honorable M. Frappier.

M. Isoard avait l'honneur d'être préfet de la Haute-Saône en 1863; il y avait engagé contre trois candidats de l'opposition une lutte au-dessus de ses forces. Il combattait avec vivacité l'élection de M. le marquis de Grammont, du duc de Marmier et du marquis d'Andelarre, qui ne lui paraissaient pas alors offrir, soit par leur situation, soit par leur fortune, de suffisantes garanties à l'ordre social.

M. Isoard eut le malheur de succomber, et comme il avait fait une promesse de victoire sans laquelle la lutte ne se fût pas engagée, il fut récompensé par une révocation *in extremis* que M. de Persigny se donna le plaisir de signer avant de quitter lui-même le ministère de l'intérieur.

M. Isoard pratiquait dans la Haute-Saône une méthode électorale fort tapageuse. Rendu plus circonspect par la révocation que nous avons été forcé de rappeler, et par un séjour prolongé dans l'Aveyron, M. Isoard exerce aujourd'hui son zèle dans le tête-à-tête et à huis-clos.

Nous n'oserions lui prédire la même récompense qu'en 1863, mais nous espérons bien que les électeurs de Champdeniers ne se montreront pas en 1868 moins indépendants que ceux de la Haute-Saône en 1863.

DELAVAULT.

(Extrait du *Mémorial* du 25 avril 1868.)

ENCORE L'ARTICLE 11

DE LA LOI DU 22 JUIN 1833.

Pour la première fois, depuis le commencement de ce débat, la *Revue de l'Ouest* consent à préciser le point qui nous divise, avec autant de netteté que nous-même.

L'honorable avocat qui a bien voulu nous aider de son intervention décisive, ne jugera probablement pas utile de démontrer une seconde fois l'évidence. Nous croyons bien que le bon sens et la sagacité de tous les lecteurs nous en dispenseraient aussi, mais on ne peut souffrir que le vaincu se donne, à si bon marché, des airs de vainqueur.

Oui, la question qui nous divise, est celle-ci :

Le délai usuel de vingt jours entre la *convocation* et la *réunion* des électeurs doit-il être ajouté aux deux mois fixés par la loi du 22 juin 1833, dont l'article 11 est ainsi conçu :

En cas de vacance par option, démission, perte des droits civils ou politiques, *l'assemblée électorale* qui doit pourvoir à la vacance *sera réunie* dans le délai de deux mois.

Le législateur a écrit *sera réunie*, afin de ne laisser aucun doute sur l'interprétation.

A cela, pourtant, la *Revue* ose répondre, et répondre gravement, que *convocation* et *réunion* sont synonymes; que, dans notre système, l'Administration aurait vingt jours de moins que dans le sien à sa disposition. Nous ne disons certes pas le contraire. Nous ne savons pas si cela serait regrettable, mais nous savons que la loi est formelle.

Ce ne serait cependant pas déjà une victoire médiocre que d'avoir amené l'Administration à se renfermer dans le délai légal de deux mois, plus vingt jours d'interprétation arbitraire.

Sans aller chercher nos exemples bien loin, sans sortir du département, nous trouverions dans le canton de Mazières, convoqué pour le même jour, 3 mai, à l'effet d'élire un Conseiller d'arrondissement, la preuve que l'Administration atteint et dépasse de bien autres limites, quand elle s'y croit autorisée par le silence des électeurs?

Les électeurs de Mazières sont convoqués pour élire un Conseiller d'arrondissement, en remplacement de M. Pouzet, élu Conseiller général.

Quand M. Pouzet a-t-il été élu? Est-ce il y a deux mois? Tout le monde ne sait-il pas que c'est l'année dernière, lors du renouvellement triennal, au mois d'août 1867 ! Il y a donc neuf mois, c'est-à-dire un délai qui eût suffi à toute autre parturition.

Soyez de bonne foi et nous serons de bonne composition. Votre thèse légale n'est pas soutenable, mais vous avez pour vous des circonstances, dirai-je atténuantes, dont vous pouvez invoquer le bénéfice.

Ce n'est pas seulement le délai de vingt jours qui est usuel. Ce qui est usuel, c'est le régime de la négligence ou du caprice, substitué aux prescriptions impératives de la loi, pour la plus grande commodité des uns et grâce au silence des autres.

Ce qui était usuel, c'était l'arbitraire. Voilà votre excuse. Que ne l'invoquez-vous de bonne foi, au lieu d'ergoter contre l'évidence?

Quant à nous, une chose nous console de la fastidieuse besogne que vous nous donnez, c'est d'avoir travaillé à restreindre l'arbitraire, rappelé au respect de la loi ceux qui avaient pris l'habitude de la dédaigner, et d'avoir fait avec d'humbles moyens, mais avec un vif sentiment du devoir, tout ce qui était en nous pour la défendre.

Heureux nous sommes, n'ayant pu la faire respecter, de l'avoir au moins vengée.

DELAVAULT.

(Extrait du *Mémorial* du 25 avril 1868.)

Chronique des Deux-Sèvres

ET DES DÉPARTEMENTS LIMITROPHES

Élection d'un Conseiller général à Champdeniers.

CANDIDAT APPUYÉ PAR L'ADMINISTRATION

M. D'AVIAU DE PIOLANT

CANDIDAT DE L'OPPOSITION

Appuyé par le **Mémorial des Deux-Sèvres**

M. LOUIS TRIBERT

(Extrait de la *Revue de l'Ouest* du 25 avril 1868.)

DEUXIÈME LISTE

DES JOURNAUX QUI ONT MIEUX COMPRIS QUE

LA *Revue de l'Ouest*.

A la liste des journaux qui nous ont aidé de leur publicité, pour faire connaître la consultation de Me Albert Gigot, relative à l'élection de Champdeniers, nous ajoutons aujourd'hui avec plaisir : la *France centrale*, l'*Union de l'Ouest*, l'*Ami du Peuple*, le *Messager du Sud-Ouest*, le *Courrier des Alpes*, l'*Indépendant de l'Ouest*, l'*Union Franc-Comtoise*, l'*Ordre et la Liberté*, le *Mémorial de l'Allier*, l'*Émancipation de Cambrai*, l'*Ordre d'Arras*, la *Gazette du Midi*, le *Journal de Rennes*, le *Vœu national*, la *Foi bretonne*, l'*Espérance du Peuple*, l'*Océan de Brest*, la *Chronique de l'Ouest*; ce qui porte à vingt-cinq le nombre de ceux qui ont compris plus facilement que la *Revue de l'Ouest* l'opportunité de cette publication. Nous les prions de recevoir nos remerciements, et nous offrons en même temps nos excuses à ceux dont le nom nous aurait échappé.

Nos remerciements au *Phare de la Loire* et à la *Gironde* pour la bienveillante reproduction de nos articles sur la commune de Pamplie, et le Maire attiré loin de ses conscrits le jour du tirage.

DELAVAULT.

(Extrait du *Mémorial* du 25 avril 1868.)

UN DINER D'INSTITUTEURS

M. X..., instituteur public, a donné hier, à une heure, son dîner à MM. les instituteurs du canton de Champdeniers. Nous ne publions pas le menu, par un respect anticipé pour le mur de M. de Guilloutet. Mais comme le Sénat n'y a pas encore mis la dernière main, nous croyons pouvoir révéler au public que MM. les instituteurs se sont bornés à échanger les réflexions auxquelles ils se livraient depuis la réunion du 31 mars dernier, sur *la nouvelle Méthode de lecture*. Toute allusion électorale a dû être soigneusement évitée, comme contraire à l'objet de la réunion.

DELAVAULT.

(Extrait du *Mémorial* du 25 avril 1868.)

Chronique des Deux-Sèvres
ET DES DÉPARTEMENTS LIMITROPHES

Élection d'un Conseiller général à Champdeniers.

CANDIDAT APPUYÉ PAR L'ADMINISTRATION

M. D'AVIAU DE PIOLANT

Ancien maire de la Chapelle-Bâton.

CANDIDAT DE L'OPPOSITION

Appuyé par le **Mémorial des Deux-Sèvres**

M. LOUIS TRIBERT

(Extrait de la *Revue de l'Ouest* du 28 avril 1868.)

ÉLECTION

D'UN CONSEILLER GÉNÉRAL A CHAMPDENIERS

Les électeurs du canton de Champdeniers sont appelés, le 3 mai, à nommer un successeur au regretté M. de la Roulière, qui, pendant de longues années, les a représentés au Conseil général. Tout d'abord, un certain nombre de candidatures très honorables se sont déclarées parmi les hommes d'ordre. L'Administration, après un examen scrupuleux des sympathies du pays, s'est prononcée pour celle de M. de Piolant, beau-frère de M. de la Roulière. Il devait en être ainsi sous un Gouvernement qui s'est toujours fait un devoir de marcher avec l'opinion du pays et d'accepter les services de tous les hommes de bonne volonté. Entre l'Administration et M. de Piolant il ne pouvait y avoir que communauté d'intérêts.

Tous ceux qui ont assisté aux derniers devoirs rendus à M. de la Roulière se rappellent la foule immense qui se pressait sur le passage du triste cortége. Cette mort avait été si prompte, si rapide, que toutes ces populations étaient attérées, et, dans leur tristesse, elles étaient heureuses cependant de voir les cendres de leur Conseiller général venir reposer au milieu d'elles.

Disons-le sans crainte d'être démenti, le canton de Champdeniers, la contrée tout entière, devrions-nous ajouter, doivent beaucoup de reconnaissance à la famille de la Roulière. De père en fils, cette famille s'est dévouée à la prospérité morale et matérielle du pays ; elle l'a fait sans ambition personnelle et dans le seul but d'être utile à l'intérêt général. Est-il donc étonnant que les sympathies tout entières du canton lui soient acquises ? Il serait très déplorable qu'il n'en fût pas ainsi !

D'autres personnes assurément ont fait du bien dans la contrée. Mais la reconnaissance due à des bienfaits nouveaux doit-elle faire oublier ce qui est acquis aux anciens bienfaiteurs ? Cette reconnaissance de date récente doit-elle amener de l'ingratitude ? Et, d'ailleurs, suivant l'expression bien sentie d'un honorable maire des environs de Champdeniers, « on a beaucoup » semé afin de récolter ; mais, comme il fallait que la récolte fût » très prompte, on n'a pas semé du bon froment, mais de la » baillarge, et, lorsque la récolte sera faite, on ne sèmera plus, » parce qu'on n'aura plus besoin de récolter. »

La famille de la Roulière, elle, ne tenait pas à ce que la récolte fût prompte, et elle a récolté les sympathies du pays tout entier. Aussi, lorsque le suffrage universel fût appelé à se prononcer, par deux fois il choisit pour Conseiller général le représentant de cette famille.

Ainsi, c'est cette sympathie générale qui a créé la candidature de M. de Piolant. Nommé tuteur de ses neveux, il a cru qu'il devait conserver à sa famille cette partie de l'héritage paternel. M. de Piolant est un ancien militaire qui s'est retiré du service à l'époque de son mariage avec Mlle de la Roulière, en 1835, se fixant alors dans la commune de la Chapelle-Bâton, où était déjà située une grande partie de ses propriétés personnelles. Il administra pendant quinze ans cette commune comme maire. Sans ambition, il se présente aujourd'hui aux électeurs comme membre de la famille de la Roulière. Ses obligations de tuteur chargé d'administrer la fortune de ses neveux l'obligent à se fixer au Château des Loges. Là, au milieu de ses anciens administrés, tous ses amis, il gèrera, avec les affaires de ses pupilles, celles du canton, et ceux qui auront besoin soit d'un conseil, soit d'un appui, seront assurés de l'y rencontrer toujours. Ils n'auront pas besoin pour le trouver de s'adresser soit en Allemagne, soit en Egypte.

S'il sollicite l'honneur de représenter le canton de Champdeniers au Conseil général, ce n'est pas encore une fois par ambition ; M. de Piolant ne veut pas se faire du Conseil général un marchepied pour arriver à la députation ou à d'autres honneurs peut-être. Ce qu'il veut, c'est, continuant les habitudes de sa famille, se rendre utile au canton et servir son pays.

Tel est le sens de la candidature de M. de Piolant ; elle est l'expression de la sympathie du pays. Aussi, les nombreux candidats du parti de l'ordre, qui s'étaient présentés, se sont-ils tous retirés. L'Administration, de son côté, a été heureuse de reconnaître une aussi honorable candidature, et s'est empressée de lui apporter sa force morale.

L. FAVRE.

(Extrait de la *Revue de l'Ouest* du 28 avril 1868.)

Encore un mot sur le *délai légal* pour les élections départementales, en cas de vacance.

L'interprétation du mot *réunir* dans le sens de *convoquer* est si naturelle que, dans sa consultation pour le *Mémorial*, M. l'avocat Albert Gigot a employé les expressions suivantes :

« ... Le Préfet du département dans lequel se produit la » vacance est donc tenu de *convoquer* les électeurs dans le délai » prescrit par l'article précité... »

Et, plus loin : « ... L'obligation qui est imposée à l'Admi- » nistration de *convoquer* les électeurs dans un délai déterminé. »

Donc, M. Albert Gigot attribue le même sens que nous au mot *réunir*. Donc, encore, les électeurs du canton de Champdeniers ont été convoqués dans le délai légal, puisque l'arrêté préfectoral de convocation a été pris deux jours avant l'expiration de ce délai.

(Extrait de la *Revue de l'Ouest* du 28 avril 1868.)

Cet article a paru dans le *Mémorial* du 5 mai. Nous le rétablissons à sa vraie place.

Comment la REVUE

prenait quelquefois un mot pour un autre et demeurait à la fin confondue.

L'abondance des matières ne nous a pas permis de régler plus tôt, avec la *Revue de l'Ouest*, une petite querelle grammaticale, mais nous espérons que ni elle, ni nos lecteurs n'auront rien perdu pour attendre.

La *Revue de l'Ouest* tient à l'interprétation aussi ingénieuse qu'*opportune* qu'elle a donnée, après mûre réflexion, aux dispositions de l'article 11 de la loi de 1833. L'assemblée électorale, dit la loi, SERA RÉUNIE dans le délai de deux mois.

L'arrêté de convocation, traduit la *Revue de l'Ouest*, *sera pris* dans le délai de deux mois : quant à la réunion des électeurs, elle pourra avoir lieu un mois, six mois, un an après la convocation, car le législateur qui a décidé que l'intervalle entre la convocation et la réunion des électeurs serait *au moins* de 20 jours, n'a pas fixé de *maximum*.

La *Revue de l'Ouest* invoque le sens grammatical des mots : *réunir*, dit-elle, est synonyme de *convoquer*. Si la *Revue de l'Ouest* veut bien ouvrir le *Dictionnaire de l'Académie* au mot *convoquer*, elle y trouvera la définition suivante : « CONVOQUER, » v. a., faire assembler, avertir ou *ordonner de* SE RÉUNIR. » Convoquer un conseil, convoquer les colléges électoraux, » etc. »

Si la *Revue de l'Ouest* avait pris la précaution *opportune* de consulter le dictionnaire avant d'écrire, elle se serait épargné, croyons-nous, de couronner son argumentation juridique par une argumentation grammaticale du même ordre : peut-être aurait-elle compris que sous la plume d'un jurisconsulte comme sous la plume d'un écrivain, ces mots : « convoquer les électeurs dans le délai de deux mois » sont précisément synonymes de ceux-ci : « ORDONNER AUX ÉLECTEURS DE SE RÉUNIR dans le délai de deux mois », mais qu'ils n'ont jamais signifié : « ordonner aux électeurs, dans le délai de deux mois, de se réunir à une époque quelconque. »

DELAVAULT.

On lit dans l'*Avenir national* :

M. le préfet de la Dordogne, qui appelle « opinion publique » l'opinion des maires, s'occupe des journaux de Paris dans une lettre *confidentielle* adressée aux magistrats municipaux de la circonscription électorale, et qui mérite d'être placée sous les yeux de nos lecteurs et surtout des électeurs :

Préfecture
DE LA DORDOGNE

CABINET DU PRÉFET

(Confidentielle.)

Périgueux, 15 avril 1868.

Monsieur le maire,

Monsieur le marquis de Malleville porte sa candidature dans l'arrondissement de Sarlat. Les pensées qu'il formule avec netteté et certaine allusion transparente de sa circulaire aux électeurs, que vous trouverez dans l'*Echo* de ce jour, ne peuvent laisser aucun doute sur le caractère de cette candidature ; c'est une candidature d'opposition ; quelques journaux de Paris prennent même soin d'en informer leurs lecteurs.

M. de Malleville proteste contre les candidatures officielles et le patronage de l'administration que, pour son compte, il n'aurait pas accepté.

L'administration, monsieur le maire, c'est vous et c'est moi.

Puisqu'il ne veut pas de ce concours contre lequel il proteste, donnons-le avec énergie à M. Dupont de Bosredon, notre candidat, homme d'avenir. dévoué à la dynastie, que notre mission commune est de défendre. Sa profession de foi vous dit assez qu'il ne reconnaît à personne le droit de s'affirmer plus libéral qu'il ne l'est lui-même.

Dans les dernières élections, grâce à votre active intervention, le regretté M. Taillefer a obtenu une immense majorité contre M. de Malleville. Que ce nom, dans le scrutin qui va s'ouvrir, n'ait pas un sort meilleur. La succession de M. Taillefer ne doit pas échoir à celui qui l'avait combattu.

Veuillez agréer, monsieur le maire, l'assurance de mon affectueux dévouement.

Le préfet de la Dordogne,

L. DE SAINT-PULGENT.

L'administration, monsieur le maire, c'est vous et c'est moi. Cette pensée de M. le préfet de la Dordogne doit être mise en relief. Le maire, qui devrait être avant tout le magistrat de la commune, est considéré tout à fait comme un fonctionnaire, et on ne fait plus de différence aujourd'hui entre le maire et le commissaire de police. Nos institutions municipales en sont là. La lettre *confidentielle* de M. le préfet de la Dordogne, de même que les articles de son journal officieux, prouvent clairement que la candidature de M. de Malleville effraie l'administration : c'est d'un bon augure.

JULES MAHIAS.

(Extrait du *Mémorial* du 25 avril 1868)

CHEMINS

A L'ÉTAT DE PROMESSE ÉLECTORALE.

Le Chemin de Pont-Cassé.

Dans l'enquête générale et le classement des chemins vicinaux dont on s'est occupé à l'automne de l'année dernière, la catégorie de beaucoup la plus nombreuse s'est trouvée celle des *chemins à l'état de sol naturel.*

Mais si l'on considère la vicinalité à un autre point de vue, il y aurait lieu de reconnaître une catégorie nouvelle, celle des *chemins à l'état de promesse Electorale.* Ce ne serait peut-être pas la catégorie la moins nombreuse.

Parmi ceux du canton de Champdeniers qu'il y faudrait placer en première ligne, figure déjà, depuis près d'un an, celui de Pamplie à Niort, par la Vesquière, Fourbeau, Surin et Saint-Maxire, plus connu dans la localité sous le nom de chemin de Pont-Cassé. Le pont qui lui donne ce nom, moins rassurant que pittoresque, est jeté un peu négligemment sur l'Autise, au pied du Coteau de la Bretinière.

Ce chemin, qui traverse sur un espace de deux lieues la longue commune de Surin, est depuis longtemps l'objet des réclamations et des plaintes des habitants contre leur Maire, et des espérances de près de trois cents électeurs. L'année dernière, bien que l'élection ait causé à l'Administration plus de peur que de mal, le chemin passa à l'état de promesse. Feu M. de La Roulière n'a pas assez vécu pour réaliser toutes celles qu'il avait faites, et aujourd'hui on recommence à en faire; de sorte que l'espérance et la promesse du chemin de Pont-Cassé auront pu servir deux fois, en moins d'un an, aux intérêts d'une Election, sans avoir beaucoup servi jusqu'à présent ceux des voyageurs.

Si, par extraordinaire, une voiture ose s'y aventurer à travers les bourbiers et les rocs, risquant et faisant sauter les écrous et les boulons, il y a fort à parier que c'est celle d'un candidat.

Cependant, vendredi dernier, 24 avril, on y a découvert, avec ravissement, quelque chose de plus rare, des agents-voyers en personne: M. Laurent, agent-voyer d'arrondissement; M. Archambaut, cantonnier-chef du canton de Coulonges, avec tout l'appareil des instruments scientifiques de leur art. On les a vus, dis-je, opérant véritablement sur le terrain, prenant des nivellements et plantant incontestablement des jalons. Qui pourrait dire, à cette vue, l'émotion des riverains et peut-être l'étonnement de l'Autise elle-même? Cachez-vous derrière les roseaux, nymphe surprise par ces hommes inconnus!

Nous n'osons pas répéter tout ce que nous avons ouï dire à ce sujet par ceux de MM. les électeurs qui aiment à jaser. L'un d'eux terminait son récit par cette image: « *Ils semiant dos appâts pre prendre dos vardons.* » Ces spectateurs, un peu défiants d'une scène si nouvelle, ne désiraient pas moins ardemment que nous tous voir enfin satisfaire un intérêt commun très-important et trop longtemps négligé, mais ils souriaient de l'à-propos des promesses et des promenades administratives.

Nous en avons découvert d'autres qui, nous parlant d'études plus avancées, de projets conçus dans les mêmes circonstances et déja passés du terrain sur le papier, nous disaient aussi: « *O ne servira de ren!* » — Pardon, mon ami, vous vous trompez, lui répondait son interlocuteur; soyez tranquille, cela servira au moins à vous le promettre une seconde fois.

L'un et l'autre se trompaient sans doute, et quoi qu'il arrive, l'un ou l'autre Conseiller saura bien faire que les promesses soient tenues, et que s'achève enfin, dût-il y perdre son vieux nom, le chemin de Pont-Cassé.

DELAVAULT.

P. S. — Un nouveau rendez-vous est pris pour mercredi. MM. les maires de Surin et de Pamplie doivent y assister, avec MM. les agents-voyers.

On ajoute même, ce que nous nous refusons à croire, que le candidat *appuyé par l'Administration* doit encourager de sa présence les espérances qu'on excite en sa faveur. D.

(Extrait du *Mémorial* du 28 avril 1868.)

SOUVENIR ÉLECTORAL

Aux élections générales de 1863, le canton de Champdeniers comptait 2,292 électeurs inscrits.

1,982 prirent part au vote.

M. Louis Tribert obtint 1,392 suffrages.

M. Eugène Lasnonnier, candidat patronné, en réunit 520.

46 voix se portèrent sur M. Bouchet de Grandmay.

21 sur M. Failly.

3 bulletins furent annulés.

DELAVAULT.

(Extrait du *Mémorial* du 28 avril 1868.)

La publicité que le *Mémorial des Deux-Sèvres* accorde avec empressement aux conférences, aux générosités administratives, aux rendez-vous, paraît importuner ceux dont elle contrarie les manœuvres et les espérances. Une allocution ecclésiastique engageait ce matin les jeunes gens qui iraient recevoir la confirmation à Champdeniers, lundi, à emporter des provisions de bouche pour éviter le contact et les conversations d'un bourg où les mystères politiques sont vite ébruités.

DELAVAULT.

(Extrait du *Mémorial* du 30 avril 1868.)

LES AVEUX & LES EXCUSES.

Nous avions promis notre indulgence à la *Revue de l'Ouest*, si elle consentait à reconnaître de bonne foi les torts habituels de l'Administration.

Nous devons convenir qu'il est difficile de s'exécuter de meilleure grâce qu'elle ne le fait relativement à la convocation des électeurs de Mazières. — Nous tenons donc notre promesse en plaçant ces aveux sous les yeux de nos lecteurs :

« Quant au canton de Mazières, *le retard prolongé et anormal* qu'a subi la convocation des électeurs, pour remplacer, au Conseil d'arrondissement de Parthenay, M. Pouzet, nommé Conseiller général, s'explique *aisément* Voici comment :

» La vacance existe, *il est vrai, depuis le mois d'août dernier*, mais la nouvelle Administration préfectorale ne fonctionne que depuis le mois de novembre ; et ce ne fut qu'au mois de janvier suivant que son attention fut appelée, pour la première fois, sur la situation électorale du canton de Mazières. Rien ne s'opposait, sans doute, à ce que les électeurs fussent convoqués pour la fin de février ou le commencement de mars.

» Mais les listes électorales de 1868 ne devaient être arrêtées que le 31 mars, pour être adressées à la Préfecture le 4 ou 5 avril, au plus tôt ; et il a paru convenable de respecter les droits des électeurs non encore inscrits, en faisant procéder à l'opération sur les nouvelles listes. Voilà pourquoi les électeurs n'ont été convoqués que le 13 avril. »

L. FAVRE.

Voilà en effet une explication donnée avec une certaine aisance, mais un peu décourageante pour ceux qui aiment à régler leur vie sur la maxime salutaire : A NIORT, LE PRÉFET NE MEURT PAS ! LE PRÉFET EST MORT, VIVE M. LE PRÉFET !

Ainsi donc, selon la *Revue*, voilà un acte dont on ne peut se plaindre à personne, dont personne ne devra répondre. — Je n'y étais plus, dira l'un. — Je n'y étais pas encore, dit l'autre.

Eh ! vraiment, messieurs, nous n'avons jamais prétendu autre chose : ce n'était que la loi, donc si peu que rien. On n'y avait même pas songé, du tout, du tout, pendant cinq longs mois. Après le jour de l'An, en nettoyant, pour le vider, un vieux carton qui sentait le moisi, on y retrouva, par hasard, le droit des électeurs de Mazières et le devoir de l'Administration. Mais alors d'autres scrupules, bien délicats ; d'autres soucis, bien graves, le droit des électeurs qui ne sont pas encore, le respect religieux de ce que la philosophie allemande appelle le « Devenir », et puis la mortalité importune sur les Conseillers généraux, qui tantôt commande de s'armer de la loi pour violer les convenances, tantôt de violer la loi par un respect outré de ces propres convenances. — Et, alors, que devient donc à Niort la sollicitude pour les électeurs non encore éclos, mais dont la coque doit s'entrouvrir le 31 mars ?

Vous êtes bien curieux :

Il a paru convenable de faire procéder aux élections à Niort, précipitamment, sur les anciennes listes, pendant qu'il paraissait convenable de faire procéder aux élections de Mazières, sur les nouvelles, tardivement.

Demandez-vous quelque chose de plus ? N'êtes-vous pas encore contents ?

Vérité à Niort, erreur à Mazières, ou réciproquement, négligence et caprice de ci, de là, un peu partout.

Il y aurait bien aussi quelque chose à dire sur cette façon de s'excuser aux dépens d'autrui, en accusant explicitement, ou implicitement, directement ou par insinuation, son prédécesseur ou ses collaborateurs. Certes, si on s'avise de les classer parmi les solidaires, ce sera fort injustement et malgré eux. Mais ce sont là des procédés auxquels la *Revue* nous a déjà habitués. Elle ne se pique pas d'une fidélité obstinée en ses amitiés politiques. Nous avons vu, l'autre jour, comment elle sacrifiait lestement M. Stéphen Liégeard à M. Eugène Lasnonier, quand la comparaison des votes de ces deux députés lui a paru gênante pour celui de notre deuxième circonscription électorale.

Hier, c'était le tour de M. Lorette, dont le souvenir ne lui inspire pas plus de respect que celui de l'ancien sous-préfet de Parthenay ne lui impose de reconnaissance. Si, comme le prétend une morale relachée, *l'ingratitude est l'indépendance du cœur*, notre *Revue* mériterait peut-être le titre de *Revue indépendante*.

Quant aux lignes qui précèdent les aveux complets et les explications moins complétement satisfaisantes, nous n'avons absolument rien à en dire. L'idée d'appeler la consultation de Me Gigot au secours de la *Revue* est moins plaisante que grotesque. Quelle opinion faut-il avoir de son public pour oser ainsi se moquer de lui?

DELAVAULT.

(Extrait du *Mémorial* du 30 avril 1868.)

LES NOUVEAUX PRÉFETS.

M. Pastoureau passe de l'Isère en Indre-et-Loire, en remplacement de M. Sohier.

M. Pastoureau avait succédé, si nous ne nous trompons, à M. Ponsard, qui « *s'enfuit triomphant* » de M. Casimir Périer, en 1863 (*).

(*) Lire et relire le livre de M. J. Ferry, la *Lutte électorale de 1863*, que nous avons toujours sous les yeux.

M. Pastoureau, qui avait hérité des affaires électorales embarrassées de M. Ponsard, échoua lui-même, malgré beaucoup d'efforts analogues, et l'élection de M. Riondel fut la première revanche électorale des libéraux de l'Isère.

Le jardin de la France ne serait-il pas pour lui un purgatoire plutôt qu'un paradis?

M. Sohier, vaincu cet hiver par M. Houssard, mais parent de M. le baron Quinette, conseiller d'Etat, passe dans le Morbihan, où le général Cavaignac obtint la majorité en 1848 pour la présidence de la République.

M. Sohier ne pouvait-il plus convenir au rôle nouveau commandé peut-être à l'Administration vis-à-vis du comte de Flavigny, par le « jamais » de M. Rouher? — C'est ce que l'*Union libérale*, qui va faire son apparition à Tours, en même temps que M. Pastoureau, ne tardera pas à nous apprendre.

M. de Pebeyre, qui passe du Lot dans les Landes, venait de la Lozère, où il se rendit célèbre, en 1863, dans sa lutte malheureuse contre M. le comte de Chambrun.

M. de Pebeyre avait révoqué vingt-cinq à trente maires, et fini par succomber.

M. de Chambrun, victime désignée par sa fidélité au Pouvoir temporel, ne s'est pas moins distingué par sa fidélité au libéralisme du Tiers-Parti.

Profitera-t-il du « jamais, » comme on l'annonce pour une autre victime, M. le comte Anatole Lemercier?

M. Tourangin quitte la Vienne au moment où s'achèvent le nouvel hôtel de la Préfecture et une réconciliation éclatante, qu'il a peut-être préparée par sa modération.

Il succède à M. Janvier, qui se retire, à la demande générale, y compris la sienne, nous dit le *Moniteur*. Mais M. Janvier reste en disponibilité.

Avoir vaincu le prince Albert de Broglie, à Broglie même, sous les yeux de ses ancêtres, les maréchaux; sous les yeux de M. Necker et le regard étincelant de son illustre aïeule, Mme de Staël, et succomber devant un officier ministériel !

Fortune des Préfets, voilà bien de tes coups !

DELAVAULT.

(Extrait du *Mémorial* du 28 avril 1868.)

LES FACTEURS.

On rappelle à MM. les facteurs de la poste que la distribution des bulletins de vote affranchis n'est pas facultative, qu'elle est pour eux de devoir strict, et que, s'ils l'oubliaient, l'Administration supérieure avertie saurait les punir.

DELAVAULT.

(Extrait du *Mémorial* du 28 avril 1868.)

On demande si M. le juge de paix X... est toujours d'avis que la Constitution a été violée ? C'est une question qui tourmentait sa jeunesse, et qui ne doit pas lui laisser de repos, même dans l'âge mûr.

DELAVAULT.

(Extrait du *Mémorial* du 30 avril 1868.)

Chronique des Deux-Sèvres

ET DES DÉPARTEMENTS LIMITROPHES

Élection d'un Conseiller général à Champdeniers.

CANDIDAT APPUYÉ PAR L'ADMINISTRATION

M. D'AVIAU DE PIOLANT

Ancien maire de la Chapelle-Bâton.

CANDIDAT DE L'OPPOSITION

Appuyé par le **Mémorial des Deux-Sèvres**

M. LOUIS TRIBERT

(Extrait de la *Revue de l'Ouest* du 30 avril 1868.)

Un électeur du canton de Champdeniers nous adresse, au sujet de l'élection d'un conseiller général dans ce canton, des réflexions que nous résumons de la manière suivante :

Le scrutin va s'ouvrir, dimanche prochain, dans les communes du canton de Champdeniers, pour la nomination, au Conseil général, du successeur de M. de la Roulière.

Hier encore, M. de la Roulière réunissait l'immense majorité des suffrages : Hélas ! son nom ne sortira pas cette fois de l'urne électorale ; car la mort a frappé le père avant que le fils ne fût en âge de solliciter un mandat souvent renouvelé, dans sa famille, par les sympathies populaires. Ceux qui ont assisté aux funérailles de M. de la Roulière peuvent attester la vivacité et l'universalité de ces sympathies : tout un peuple était là, exact et empressé, comme en un suprême rendez-vous !

Au lendemain de ce deuil public, M. de Piolant, beau-frère de M. de la Roulière, recueillit, avec l'expression de regrets unanimes envers celui qui n'était plus, le vœu que le lien étroit entre les électeurs et l'élu de la veille ne fût pas brisé du même coup. Il était lui — M. de Piolant — le tuteur des enfants de M. de la Roulière : il retrouvait, en cette qualité, dans l'héritage confié à ses soins, des biens plus précieux encore que la fortune, à savoir l'influence légitimement acquise au prix de nombreux services rendus à la contrée, la haute position morale que cette influence assure, l'estime, l'affection, la gratitude qu'elle suppose, noble patrimoine, grossi à chaque génération, et dont une part lui était déjà échue à ce titre. Pendant plusieurs années, vivant sous le même toit que son beau-frère, il avait été initié aux soins vigilants que M. de la Roulière apportait à l'accomplissement de ses fonctions de Conseiller général; il avait appris, jour par jour, en quelque sorte, les détails et les devoirs de la charge. Ancien maire de la Chapelle-Bâton, il avait dû lui-même, dans l'intérêt de ses administrés, étudier les besoins et les sentiments des populations du canton de Champdeniers : ni les lieux, ni les gens, ne lui étaient absolument étrangers; car il pouvait, dès le premier jour de son arrivée, les reconnaître à leurs visages.

Ainsi mis en demeure d'accepter une candidature, née d'un concours de circonstances aussi difficiles à prévoir que la mort prématurée qui les a produites, M. de Piolant n'a pas hésité à répondre à l'appel qui lui était fait. Il se trouvait en position d'être utile à son pays : cette considération eût suffi à dicter sa décision.

M. de Piolant n'a pas à invoquer auprès des électeurs qu'une communauté de vues et de souvenirs; il se recommande en outre, et surtout, à leurs suffrages, par une connaissance approfondie des intérêts cantonaux et par une longue pratique des affaires communales.

Le résultat du scrutin ne saurait donc être douteux pour nous, et en donnant son appui à la candidature de M. de Piolant, l'Administration a pressenti l'opinion publique.

Dans la journée du 3 mai, les électeurs tiendront à prouver, une fois de plus, par leur vote en faveur de M. de Piolant, qu'ils veulent, pour les représenter au Conseil général, des hommes attachés au sol par leurs idées autant que par la possession, et complétement dévoués à la cause de l'ordre, qui est celle du pays.

Pour publication : L. FAVRE.

(Extrait de la *Revue de l'Ouest* du 30 avril 1868.)

LEAUDEMARIÈRE

Décidément, la commune de Pamplie est l'objet de la plus tendre sollicitude de l'Administration. Après la mort de M. Laumonier, dont le cabriolet roula, par une soirée brumeuse, au fond du ravin de Leaudemarière, on avait bordé la route de parapets qui avaient paru suffisants entre deux élections. Ce qu'on avait fait, après l'affreux accident qui priva la commune d'un maire excellent, et toute la contrée d'un homme intelligent, actif et utile, on le refait aujourd'hui sous l'influence moins respectable, mais plus féconde, des circonstances électorales. — Puisse le nouveau rempart à chaux et à sable consacrer sa mémoire honorable et ne pas y associer le souvenir d'une complaisance dont il avait une première fois détourné ses concitoyens, comme indigne d'eux et de son nom !

DELAVAULT.

(Extrait du *Mémorial* du 30 avril 1868.)

LE SUFFRAGE UNIVERSEL EN NOURRICE

Nourrices, dites-bien à vos maris de voter pour le candidat *appuyé par l'Administration* et qui s'appuie dédaigneusement sur elle, sinon l'humeur de nos chefs tournerait à l'aigre, et on vous retirerait les enfants que l'Assistance vous a confiés. Hélas! pauvres nourrices, pauvres maris, pauvres enfants, privés de leur mère une seconde fois! — Si cela ne vous fait pas horreur, écrivez vite un petit traité : *De l'Influence du Biberon Officiel sur la destinée des Empires.*

DELAVAULT.

(Extrait du *Mémorial* du 30 avril 1868.)

LA REVUE DES GARDES

CHAMPÊTRES.

M. le commissaire de police a passé hier la Revue de MM. les gardes-champêtres, ou, pour être plus exact, ils ont défilé SANS BRUIT devant lui.

La Revue d'Honneur n'aurait lieu qu'après la victoire. — Là-dessus un spirituel archéologue de s'écrier : Ah! par exemple, celle-là ne serait pas, comme à Athènes, une Victoire sans ailes! Il n'y a que les savants pour ces calembourgs érudits.

Le commissaire de police pourrait employer le zèle de MM. les gardes-champêtres bien plus utilement qu'en Revues de départ ou en défilés discrets. Il se passe d'étranges choses. Les champs sont couverts de dépouilles et d'un engrais que M. le professeur Guillemot n'a pas encore recommandé. Patience! cela viendra. *Ils m'aviant doumé des billets pre les premener et les semer. I les ai bé semés de fait. I les ai f... dans mon garouil.*

DELAVAULT.

(Extrait du *Mémorial* du 2 mai 1868.)

UNE MALICE DE LA *REVUE*

La *Revue de l'Ouest* était, mardi 28 avril, pleine de malice.— Elle s'imaginait nuire beaucoup à la candidature de M. Louis Tribert, en révélant aux électeurs du canton de Champdeniers qu'une fois élu, par malheur, au Conseil général, il serait bien capable, le traître, de solliciter l'année prochaine les suffrages des Électeurs pour la Députation. — Voilà une terrible découverte !

Que dirait donc la malicieuse *Revue*, si on lui apprenait que c'est précisément là une des causes de la faveur que rencontre la candidature de M. Tribert ? Le canton de Champdeniers l'entend bien comme la *Revue*. C'est bien un député qu'il veut commencer à faire, ou tout au moins un candidat *appuyé par les électeurs* qu'il veut proposer aux neuf autres cantons. — Ne dit-on par partout : on nous a trompés en 1863. — Cette fois-ci on ne nous trompera plus.

DELAVAULT.

(Extrait du *Mémorial* du 2 mai 1868.)

DEMANDE

On demande pourquoi l'honorable M. d'Aviau de Piolant n'est que le *candidat appuyé par l'Administration?* Refuserait-il d'accepter le titre de *Candidat du gouvernement de l'Empereur*, ou refuserait-on de le lui donner?

DELAVAULT.

(Extrait du *Mémorial* du 2 mai 1868).

LA DERNIÈRE HEURE

Nous ne saurions trop mettre les électeurs en garde contre les manœuvres de la fin. C'est à eux de ne se laisser ni égarer par les promesses, ni intimider par les menaces, mais de voter en hommes probes et indépendants. *De quelque part qu'elles viennent*, les affirmations qui se produisent à la dernière heure, par crainte d'un démenti, ne peuvent être que des calomnies.

DELAVAULT.

(Extrait du *Mémorial* du 2 mai 1868.)

Élection d'un Conseiller général à Champdeniers.

CANDIDAT INDÉPENDANT :

M. LOUIS TRIBERT

CANDIDAT APPUYÉ PAR L'ADMINISTRATION

M. D'AVIAU DE PIOLANT

Ancien maire de la Chapelle-Bâton.

(Extrait du *Mémorial* du 2 mai 1868.)

Sur le drapeau sans tache, la main distraite de l'artiste avait semé, au milieu des lys, des abeilles étonnées de se trouver là.

(Voir le Dictionnaire des Erreurs Administratives, art. Candidature).

DELAVAULT.

(Extrait du *Mémorial* du 2 mai 1868.)

L'honorable Maire des environs de Champdeniers, qui prête aux autres ses généreux sentiments et à l'Administration leur *expression bien sentie*, doit savoir par expérience, mieux que personne, qu'on peut semer sur un sol *très-ingrat*.

Mais il a raison de penser qu'un homme avisé ne l'ensemence pas deux fois.

Nous espérons bien, par ces simples observations, recommander ses titres à l'Administration. — Sera-t-il décoré avant un célèbre expert ?

DELAVAULT.

(Extrait du *Mémorial* du 2 mai 1868.)

LA LOI

Il ne peut être introduit de changements aux listes électorales qu'à l'époque de leur révision annuelle, suivant les formes déterminées par le décret réglementaire du 2 février 1852 ; dès lors, toute décision par laquelle un juge de paix ordonnerait des additions de nom sur la liste électorale, sans que la commission municipale ait été appelée à statuer sur ces inscriptions et en dehors des délais établis pour les réclamations, tant en première instance qu'en appel, est entachée d'excès de pouvoir et frappée de nullité. *(Cour de Cassation*, 10 *août* 1864.)

DELAVAULT.

(Extrait du *Mémorial* du 2 mai 1868.)

Nous rappelons à ceux qui paraissent l'avoir oublié, que nul électeur ne peut entrer dans le collége électoral s'il est porteur d'armes quelconques, (décret réglementaire du 2 février 1852, art. 20, loi du 5 mai 1855, art. 30) ; que *nulle force armée ne peut, sans l'autorisation du président du collége, être placée dans la salle des séances*, et enfin que le président lui-même n'a le droit de requérir l'introduction de la gendarmerie dans la salle que pour réprimer le désordre.

En ces matières, M. le préfet peut être rempli de sollicitude, mais il est sans droits.

DELAVAULT.

(Extrait du *Mémorial* du 2 mai 1868.)

PONT-CASSÉ

La seconde représentation de la comédie qui se joue avec tant d'à-propos sur les bords de l'Autize, a eu lieu mercredi, ainsi que nous l'avions annoncé gratuitement. Mais nous n'avions pas réussi à attirer le public, dont la curiosité et la crédulité commencent à se blaser. L'Administration était cependant représentée par l'élite des fonctionnaires. M. l'agent-voyer en chef, M. l'agent-voyer d'arrondissement, M. l'agent-voyer cantonal ont parcouru gravement le chemin de Pont-Cassé depuis la Vesquière jusqu'à Pamplie. Nous leur rendons avec plaisir cette justice, qu'ils ont ri de très-bonne grâce à la lecture du *Mémorial*. Nous ne voulons pas donner à entendre qu'ils sont pour cela désarmés. Dieu nous garde de demander le désarmement des ingénieurs ou de MM. les agents-voyers. Au contraire, nous prenons acte de toutes ces promesses et de toutes ces promenades, au nom des populations. Nous aussi, nous voulons que le *Réseau électoral* s'achève, mais nous espérons qu'on n'y prendra que très-peu d'électeurs. L'Autize était, nous dit-on, grossie, troublée par les pluies du printemps, presque houleuse et très-peu favorable à la pêche des *vardons*. — Pêcheur, jette-là tes filets !

DELAVAULT.

P. S. — Messieurs les Maires n'assistaient pas à cette réunion, malgré le rendez-vous que nous leur avions donné. Nous offrons nos excuses à ceux d'entre eux que nous avions désignés de bonne foi, mais qui n'ont jamais eu l'intention d'y assister.

D.

(Extrait du *Mémorial* du 2 mai 1868.)

L'APPUI DU *MÉMORIAL*

AUX ELECTEURS DU CANTON DE CHAMPDENIERS

—

Il est de ces appuis qui révèlent le sens, le caractère et la portée d'une candidature. C'est ainsi que le *Mémorial* rend service, sans le vouloir, à tous les sincères et clairvoyants défenseurs de l'ordre en patronnant, avec ses façons ordinaires de *Père Duchesne* en colère, le nom et la cause de M. Louis Tribert. La feuille d'opposition déploie sur la tête de son homme (on dit les hommes du *Mémorial*) une sorte d'enseigne dont la couleur criarde sert d'avertissement aux passants.

Que représente, en effet, le *Mémorial*? Les idées, les sentiments révolutionnaires ; l'opposition systématique contre l'autorité, à tous ses degrés, dans tous ses actes, dans toutes ses manifestations ; l'esprit de jalousie, de dénigrement, de mépris, de haine à l'égard des dépositaires du pouvoir et des sommités sociales ; les procédés de cette chicane qui substitue l'argutie à l'argument, le raisonnement à la raison ; la polémique à *canne plombée* qui assomme, au lieu de convaincre, le contradicteur sérieux ; la convoitise de tous les avantages politiques et sociaux que l'on a le tort de faire attendre à des ambitions qui se justifient, surtout, par la véhémence de leurs appétits.

Et ce serait vous, ô honnêtes et intelligents habitants du canton de Champdeniers qui accepteriez pour guide, pour conseiller, pour *Grand Electeur*, dans vos communes, le *Mémorial*, personnage belliqueux, agressif, dominateur, qui cherche à monter sur vos épaules, comme sur un pavois, pour adresser de là au Gouvernement et à l'Administration une nouvelle et retentissante déclaration de guerre !

Vous avez trop de bon sens, trop d'expérience des hommes

et des choses pour méconnaître que c'est par la paix, la concorde, la bonne et cordiale entente entre l'Administration et les populations, que s'acquiert et se conserve la prospérité du canton. Rappelez-vous la conduite de l'excellent M. de la Roulière, le regretté Conseiller, dont la succession, au sein de l'Assemblée départementale est sollicitée, auprès de vous, par son honorable beau-frère. Rappelez-vous avec quel soin votre digne Conseiller général s'atachait à régler sa marche, tout en l'éclairant lui-même, sur celle de l'autorité chargée de veiller au développement de vos intérêts moraux et matériels. Grâce à la précieuse harmonie d'intentions et d'efforts qu'il avait su maintenir, beaucoup de bonnes choses ont pu être faites.

Mais que de bonnes choses il reste encore à faire ! et, pour leur accomplissement, l'entente n'est-elle pas aussi nécessaire que jamais elle le fut?

Ah ! ce ne sera pas dans les campagnes, qui aiment à recueillir avec sécurité le fruit de leurs semences ; ce ne sera pas dans les campagnes qui, après avoir acclamé l'Empereur comme le sauveur de la société, l'acclament encore comme le protecteur du progrès agricole, l'ami de l'enseignement populaire, le constructeur des chemins vicinaux ; non, ce ne sera pas là que le cri d'opposition et de guerre poussé par le *Mémorial*, trouvera beaucoup d'échos sympathiques.

Mais n'existe-t-il pas dans les Deux-Sèvres, comme dans tout le reste de la France, de ces déclassés, de ces grands hommes incompris, mécontents d'eux-mêmes et des autres, irrités contre la société parce qu'ils n'ont pas su s'y faire une place, et qui, confondant la vraie indépendance avec la manie de la taquinerie, sont, en toute circonstance, les auxiliaires naturels des idées et des hommes du *Mémorial*?

Electeurs des campagnes, défiez-vous de ces hommes, qui connaissent bien moins que vous autres, attachés au sol comme vous l'êtes, en qualité de propriétaires, de fermiers ou de cultivateurs, vos véritables besoins, vos intérêts permanents.

Défiez-vous d'eux; car ils voudraient exercer sur vos intelligences et vos consciences une offensante tutelle, une coupable pression.

Défiez-vous d'eux ; car leur orgueil n'a d'égal que le mépris qu'ils font de votre prétendue ignorance, de votre prétendue simplicité.

Défiez-vous d'eux, électeurs ruraux ; et montrez-leur en cette occasion, comme en toute autre, que vous savez et voulez faire vos propres affaires sans eux et sans le *Mémorial*.

Le secrétaire de la rédaction, DUPUY.

(Extrait de la *Revue de l'Ouest* du 2 mai 1868.)

DERNIÈRE HEURE

Nous ne nous étions pas trompés, il faut toujours, avec les patrons de la *Revue de l'Ouest*, redouter les calomnies et les injures de la dernière heure. Mais calomnier M. Tribert auprès des électeurs du canton de Champdeniers est sans doute une œuvre difficile et peu honorable.

Aussi n'est-ce pas même un des rédacteurs ordinaires qui en a assumé la responsabilité devant les honnêtes gens : c'est un des manœuvres du journal qui a reçu l'ordre de mettre son nom au bas de cet injurieux factum.

Pour l'éloge funèbre de M. d'Aviau de Piolant : un sourire d'adhésion ; quant au certificat de tendresse adressé d'Agen par M. Lorette à son successeur, il vaudra ce que de raison ; mais pour les invectives, rien à répondre : le mépris.

DELAVAULT.

(Extrait du *Mémorial* du 2 mai 1868.)

Nous avons fait connaître les motifs qui ont causé le retard apporté à la convocation des électeurs du canton de Mazières. Le *Mémorial*, passé maître en fait d'arguties, s'empresse de saisir cette circonstance pour accuser la *Revue* d'ingratitude envers M. Stéphen Liégeard et envers M. Lorette.

Pour M. Stéphen Liégeard, avec lequel nous n'avons jamais eu de relations directes, nous ne savons pas quelle reconnaissance nous devons lui vouer. Nous avons été heureux de son arrivée au Corps législatif. Le *Mémorial*, qui lui a si souvent adressé les sarcasmes les plus blessants, est assez mal venu aujourd'hui à se faire le défenseur officieux d'une personne que nous sommes bien loin de vouloir attaquer. Mais il fallait une occasion au *Mémorial* pour diriger une perfide insinuation contre la *Revue*, et il ne trouve rien de plus facile que de nous prêter une intention que nous n'avons jamais eue. Le procédé est peu honnête; mais il est dans les habitudes de la feuille d'opposition dévouée à Jules Favre et à ses amis.

Quant à M. Lorette, il faut plus que de la malveillance pour oser écrire que *son souvenir ne nous inspire pas plus de respect que celui de l'ancien sous-préfet de Parthenay ne nous impose de reconnaissance*. Cette phrase peut tromper les lecteurs du *Mémorial* qui ne lisent pas la *Revue*, et qui peuvent supposer que des attaques ont été dirigées contre notre ancien Préfet, dont nous avons si vivement regretté le départ. Nous avons loué l'administration de M. Lorette, comme nous la louerons toutes les fois que l'occasion s'en présentera. Nous l'avons défendue souvent contre les injustes et indignes attaques de la feuille d'opposition, que nous avons le bonheur de posséder parmi nous pour veiller au respect de la loi.

Ce n'est pas la première fois que le *Mémorial* nous jette l'accusation d'ingratitude. Cette accusation nous a valu les lignes suivantes de M. Lorette : « *Ce que peut dire le* Mémorial *n'est pas de nature à affaiblir nos sentiments d'affection réciproque.*

Croyez donc bien que ce ne sont pas les phrases de cette feuille qui pourront les diminuer. »

Un pareil témoignage d'estime et d'affection est bien de nature à nous consoler des attaques du *Mémorial*. Ce n'est point, d'ailleurs, à cette feuille à venir nous donner des leçons de reconnaissance. Nous n'avons pas encore perdu le souvenir de la pitoyable conduite de ce journal, lors du départ de Niort de M. de Saint-Georges, qui l'avait comblé de bienfaits. Aussi est-ce à nous de pouvoir dire que si, comme le prétend une morale relâchée, l'*ingratitude est l'indépendance du cœur*, notre *Mémorial* mérite justement le titre *de feuille indépendante*, que nous sommes loin de lui envier.

L. FAVRE.

(Extrait de la *Revue de l'Ouest* du 2 mai 1868.)

La *Revue de l'Ouest* reproche au *Mémorial des Deux-Sèvres* d'avoir injurié « M. DE SAINT-GEORGES, QUI L'AVAIT COMBLÉ DE SES BIENFAITS. »

L'accusation est grotesque.

M. de Saint-Georges a quitté Niort pour n'y plus revenir, en février 1848, et le *Mémorial des Deux-Sèvres* a changé de drapeau en changeant de propriétaire, le 1er janvier 1858.

Comment l'aurais-je fait si je n'étais pas né ?

Mais quand nous reprochons à la *Revue de l'Ouest* de ne pratiquer qu'une indépendance, celle du cœur, notre reproche s'adresse à ces rédacteurs bien connus qui n'ont pas changé depuis vingt ans, et qui ont tour à tour injurié le prince Louis Napoléon, candidat à la présidence de la République, puis le général Cavaignac, descendu du Pouvoir, et tant d'autres qu'ils adulaient la veille de leur chute.

TH. MERCIER.

(Extrait du *Mémorial* du 5 mai 1868.)

ÉLECTION DE CHAMPDENIERS

Résultat du Scrutin

CANDIDAT INDÉPENDANT

M. LOUIS TRIBERT

1,496 voix.

CANDIDAT APPUYÉ PAR L'ADMINISTRATRATION

M. D'AVIAU DE PIOLANT

Ancien Maire de la Chapelle-Bâton

688 voix.

Différence en faveur de M. Tribert : 808 voix.

Notre ami, M. Delavault, est aujourd'hui trop souffrant pour pouvoir résumer les nouvelles avec ce talent délicat que nous ne pouvons louer ici comme il le mérite et comme nous serions heureux de le faire. Le lecteur, en le plaignant, nous excusera si nous n'essayons pas de le suppléer et si nous nous bornons au récit de nos propres affaires. Nous espérons que le soleil du mois de Mai et la victoire qu'il a contribué à préparer lui seront salutaires et doux.

TH. MERCIER.

(Extrait du *Mémorial* du 5 mai 1868.)

L'ÉVÈNEMENT DU JOUR

L'évènement du jour parmi nous, c'est l'élection de M. Louis Tribert à Champdeniers, ou plutôt le triomphe de la liberté électorale. Nos lecteurs ont suivi avec attention toutes les phases de ces luttes. Nous plaçons aujourd'hui sous leurs yeux une série de documents nouveaux : l'article publié à la veille de l'élection par la *Revue de l'Ouest* ; la circulaire que M. Tribert a fait distribuer aux électeurs ; une pièce très-curieuse, la circulaire confidentielle et personnelle adressée par M. le Préfet à MM. les instituteurs à la date du 14 avril, en leur annonçant la résolution tardive qu'il venait de prendre après de longues hésitations ; le remerciements de M. Tribert aux électeurs. Ce que nous ne pouvons encore raconter ni peindre, c'était l'attitude de cette population joyeuse et ses acclamations. Heureux ceux qui inspirent et ceux qui éprouvent de pareils sentiments ! Qui se serait douté en en recueillant hier l'expression presque enthousiaste, qu'elle s'adressait à un *déclassé*, du moins la *Revue de l'Ouest* l'insinue ?

Nous sera-t-il permis de nous réjouir aussi en pensant que l'appui du *Mémorial des Deux-Sèvres* n'a pas suffi à compromettre M. Tribert et à dégoûter les électeurs. Nous leur offrons pour ce témoignage d'indulgence nos très humbles remerciments.

DELAVAULT.

(Extrait du *Mémorial* du 5 mai 1868.)

Nous sommes bien heureux du résultat du scrutin, nous n'avons pas à dissimuler le plaisir qu'il nous fait éprouver et qu'il donne aux amis de M. Tribert, c'est-à-dire à tous ceux qui le connaissent.

Nous ne voulons pas triompher d'un résultat auquel tout le

monde, y compris l'Administration, s'attendait depuis longtemps, nous respectons la défaite de nos honorables adversaires, nous regrettons qu'ils l'aient cherchée.

Mais ne pourrait-on tirer de ce qui vient de se passer un enseignement utile pour tous et profitable pour l'avenir ?

En l'honneur de quel principe et dans quelle espérance utile a-t-on prétendu combattre les préférences connues, persistantes et énergiques des électeurs du canton de Champdeniers? Qu'est-ce que le gouvernement de l'Empereur peut gagner à lutter ainsi inégalement contre une popularité légitime? Qu'on nous permette de l'affirmer sans fausse générosité et sans crainte d'être démenti ; quoique M. le Préfet soit encore un nouveau venu parmi nous, il avait à sa disposition des moyens d'information trop nombreux et trop sûrs pour avoir pu ignorer seul ce que tous savaient et lui prédisaient.

Nous ne doutons pas qu'abandonné aux instincts de son bon sens personnel, M. le Préfet n'eût préféré laisser faire une élection *cantonale modeste et pacifique.* Mais des voix intéressées ne lui ont pas permis de s'écouter lui-même et d'agir conformément à sa meilleure inspiration. Le dévouement à l'empereur, quelle qu'en soit la date, est devenu pour certaines gens une branche d'industrie ; mais ils veulent que cette industrie soit privilégiée pour qu'elle soit plus lucrative.

Nous n'avons certes pas besoin de dire que ce n'est pas de l'honorable vicomte d'Aviau de Piolant que nous entendons parler. Celui-là sait imposer fièrement son concours et ne vit pas d'aumônes administratives. Il ne dissimule pas ses préférences à la fidélité et au désintéressement desquelles nul ne rend un plus sincère hommage que ses adversaires.

DELAVAULT.

(Extrait du *Mémorial* du 5 mai 1868.)

LES DÉCLASSÉS

Dans un article distingué par la modération, l'urbanité, les délicatesses de l'esprit et toutes les grâces du beau langage, la *Revue de l'Ouest* a prononcé, imprudemment peut-être, et elle a paru souligner le mot *déclassés*. — Nous demandons pardon au lecteur de faire comme elle et d'arrêter un instant son attention sur la signification de ce mot et les idées qu'il peut faire naître accessoirement.

Il peut y avoir une assez grande variété de déclassés. La première qui se présente le plus naturellement à l'esprit paraît être celle des personnes qui seraient effectivement passées, volontairement ou involontairement, d'une classe dans une autre, de la première dans la seconde ou de la seconde dans la troisième, ou dans la dernière. C'est là une première catégorie de déclassés.

Mais ne pourrait-on, en forçant un peu l'usage, sans contrarier la logique, découvrir une autre catégorie de déclassés, ceux que le public ne trouve pas à leur place pour peu qu'elle lui semble élevée, parce que cette élévation apparente ne lui paraît justifiée, ni par la distinction de l'esprit ni par la noblesse du caractère, et qu'ils la doivent principalement ou exclusivement à une certaine industrie inférieure, qui n'exclut ni la médiocrité, ni surtout la bassesse, les supposerait quelquefois, souvent les démontre et les récompense. — Il serait dangereux de prétendre que tout homme fût enrégimenté dès sa jeunesse et pour toute la vie dans cette hiérarchie de mandarins connus aussi en Russie sous le nom de Tchin, et qui n'est pas exclusivement favorable à l'originalité ou à la fierté.

Nous convenons pourtant de bonne grâce que nous avons un peu détourné le mot de son acception régulière, et que cette classe très nombreuse de personnes est le plus souvent désignée sous le nom de parvenus. Il s'en rencontre quelquefois d'assez bien élevés et qui ne rougissent pas d'une origine modeste. Il y en a qui se méconnaissent et paraissent seulement grossiers quand ils essaient de prendre des airs impertinents. Cette classe, la dernière de toutes, mais malheureusement la plus nombreuse, c'est celle des parvenus de mauvaise éducation.

Il est bien entendu que ce n'est pas au secrétaire de la rédaction, ce bon M. Dupuy, que s'adressent ces brèves réflexions sur un sujet si vaste et si délicat.

DELAVAULT.

(Extrait du *Mémorial* du 5 mai 1868.)

Nous n'avons pas énuméré, tant s'en faut, tous les fonctionnaires et employés de tous grades dont on a requis le zèle dans la lutte électorale de Champdeniers, mais nous pouvons ajouter à la liste que nous avons déjà publiée, M. le brigadier des postes et M. le vérificateur des poids et mesures ; nous en oublions encore quelques-uns bien à regret. Le jour même de la lutte, une brigade de gendarmerie de Niort est venue occuper le chef-lieu du canton, et celle de Champdeniers a détaché en éclaireurs et en estafettes ses rapides cavaliers.

DELAVAULT.

(Extrait du *Mémorial* du 5 mai 1868.)

Un de nos amis recevait samedi l'avis mystérieux que nous ne craignons pas de divulguer aujourd'hui.

« Le curé dit que si vous passez, nous aurons une grande *gerre* (guerre). »

L'opinion attribuée à cet ecclésiastique était sans doute le résultat d'une erreur ; malheureusement on a de fortes raisons de croire que cette erreur était partagée, ou propagée par des laïques de distinction, que leur naissance et la gravité de leurs fonctions semblaient devoir préserver de l'illusion ou d'une aussi grave médisance. Nous ne croyons pas que le Conseil général, malgré le développement de ses attributions, ait à résoudre cette année les questions de paix ou de guerre, dans lesquelles le Corps législatif lui-même n'intervient jamais qu'après coup, aux termes de la Constitution. Le gouvernement n'a pas encore poussé à ce point le zèle de la décentralisation, et nous engageons les personnes qui auraient surpris involontairement par d'aussi effrayantes déclarations la religion des électeurs, à s'éclairer elles-mêmes avant d'éclairer les autres d'une aussi fausse lumière.

DELAVAULT.

(Extrait du *Mémorial* du 5 mai 1868.)

Le résultat du scrutin de Champdeniers donne lieu à quelques observations comparées.

M. Eugène Lasnonier, absolument étranger au canton en 1863, et presque inconnu, avait réuni 520 suffrages contre 1392 accordés à M. Tribert. Cette fois, M. d'Aviau de Piolant, beau-frère de M. de la Roulière, tuteur de ses enfants, et ancien maire de la Chapelle-Bâton, obtient 168 suffrages de plus que M. Lasnonier; mais M. Louis Tribert en gagne cent-quatre. La proportion des votants, relativement au nombre des inscrits, s'est accrue notablement. Dans quelques communes, il n'en a pas manqué un seul. Félicitons donc MM. les électeurs de Champdeniers de leur zèle, quel que soit le candidat pour lequel ils ont voté.

DELAVAULT.

(Extrait du *Mémorial* du 5 mai 1868.)

On verra aussi avec intérêt comment la commune de Surin a tenu à marquer l'expression de ses sentiments. Un seul maire du canton de Champdeniers, sur douze, avait tenu à combattre l'élection de M. Louis Tribert. Il lui plaisait de se croire son adversaire personnel. Il était allé jusqu'à menacer ses administrés de sa démission.

Si la redoutable menace de l'honorable maire venait à se réaliser, la commune de Surin ne le croit pas impossible à remplacer, et l'opinion publique désigne déjà trois candidats capables et honorables, autant qu'on peut l'être, quand on tient à rester indépendant. — L'ancien maire ne pourrait-il recevoir comme consolation la décoration à laquelle il a tant de droits?

Mais que dirait M. le maire de Parthenay? N'a-t-il pas des droits antérieurs et supérieurs? Délicate question. Nous nous sentons bien peu compétents pour la résoudre. Mais n'y aurait-il pas un moyen de contenter tout le monde, excepté peut-être le sentiment public. — Prix partagé : Nous proposons qu'ils soient nommés tous les deux le même jour. Quel jour? Ah! nous n'osons le dire. C'est au lecteur à deviner. — Un détail caractéristique de cette élection, c'est qu'elle a été une élection sobre et sèche. — Le candidat n'a ni bu, ni versé un verre de bière, ni une tasse de café, ni un verre de cassis, ni une goutte. Pour toute séduction : Ici on ne boit ni ne mange *à l'œil*, c'est-à-dire aux frais d'un candidat tentateur et corrupteur.

Ici on vote gratis pour ceux qu'on préfère.

Il y a cependant dans nos riches communes des veaux et des génisses.

Qu'est-il besoin du sang des *veaux* et des génisses?

DELAVAULT.

(Extrait du *Mémorial* du 5 mai 1868.)

A M. le rédacteur en chef du **Mémorial des Deux-Sèvres.**

Monsieur le rédacteur,

Voulez-vous me faire le plaisir d'insérer dans le *Mémorial* la lettre-circulaire que j'ai eu l'honneur d'adresser à MM. les Électeurs du canton de Champdeniers ?

Je saisis avec empressement, cher Monsieur, cette occasion de vous remercier publiquement de la bienveillance que vous m'avez toujours témoignée, et de vous offrir l'assurance de ma plus affectueuse estime.

LOUIS TRIBERT.

A MESSIEURS LES ÉLECTEURS

DU CANTON DE CHAMPDENIERS.

Messieurs,

Un siège au Conseil général pour notre canton est devenu vacant par la mort prématurée de M. de la Roulière.

Il y a quelques mois, je n'acceptais pas les voix qui m'étaient offertes pour le remplacer, aujourd'hui je sollicite vos suffrages pour lui succéder. Sur cette conduite en apparence contradictoire, deux mots d'explication à mes amis et à tous ceux qui n'ont pas de parti pris.

Deux fois j'ai respecté en l'honorable M. de La Roulière l'habitude affectueuse de vos suffrages. J'avais à cœur de donner aux moins bienveillants, à ceux qui me croiraient ou me diraient excessif et téméraire, une démonstration éclatante de ma modération. J'ai voulu et j'ai cru servir ma cause en me laissant voir tel que je suis, libre de toute prévention et de toute rancune. Parmi les personnes qui s'appliquent à me combattre, je cherche celles qui ont donné de pareils gages de leurs sentiments.

Mais pourquoi n'ajouterais-je pas que, l'année dernière, la victoire me paraissait aussi redoutable qu'une défaite ?

Vous savez bien, Messieurs les électeurs, que le gouvernement s'est réservé le droit de réviser, de modifier tous les cinq ans le tableau des circonscriptions électorales ; d'y faire entrer ou d'en faire sortir, à son gré, un ou plusieurs cantons, et de déplacer ainsi, selon ses convenances ou son bon plaisir, les chances de l'élection.

Qui donc oserait affirmer, que si le canton de Champdeniers m'eût donné la majorité en 1867, il figurerait encore au tableau de la circonscription rectifié le 31 décembre, et qu'on se fût contenté d'ajouter un canton nouveau à ceux qui avaient pris part à la lutte de 1863 ?

Je ne crois donc pas, par mon abstention personnelle, avoir manqué à mon devoir ; je crois l'avoir rempli, sinon à la satisfaction des plus impatients, du moins de façon à enlever à nos adversaires beaucoup de mauvais prétextes et une ressource extrême.

Cette année, mes amis m'ont demandé de solliciter une seconde fois vos suffrages. J'ai cédé à cette exigence légitime et flatteuse.

M. le docteur Léo Desaivre a bien voulu se désister d'une candidature à laquelle il avait tant de titres, et ce n'est pas seulement à son amitié, mais au sentiment élevé qu'il a des devoirs publics, que j'ai dû l'honneur de le remplacer aujourd'hui devant vous.

Un grand nombre de personnes s'étaient imaginé qu'il n'y aurait pas de candidature officielle. J'avoue que j'ai eu longtemps la faiblesse de me laisser aller à partager cette illusion. Je m'en excuse ; mon âge et l'expérience auraient dû m'en préserver. Le choix d'un candidat officiel est venu nous détromper ; notre indépendance ne mérite pas tant d'égards. A nous on ne doit, paraît-il, ni réciprocité, ni justice.

Au lieu de nous laisser faire une élection cantonale modeste et pacifique, on nous a provoqués à la lutte. Luttons donc ensemble, puisqu'ainsi on le veut, *pour la liberté électorale.*

Agréez, Messieurs les Électeurs, l'assurance respectueuse de mon dévouement fidèle.

LOUIS TRIBERT.

Puyraveau, 1er mai 1868.

(Extrait du *Mémorial* du 5 mai 1868.)

PRÉFECTURE
des Deux-Sèvres.

CABINET DU PRÉFET.

Conseil Général

CANTON DE CHAMPDENIERS.

Confidentielle & Personnelle.

Niort, 14 avril 1868.

Monsieur l'instituteur,

L'élection d'un conseiller général, dans le canton de Champdeniers, est fixée au dimanche, 3 mai, et je m'empresse de vous informer que l'appui de l'Administration est accordé à M. de Piolent, (sic) ancien maire de la Chapelle-Bâton où il a des propriétés, et beau-frère du regretté M. de la Roulière sous les auspices et la mémoire duquel il place sa candidature.

M. de Piolant étant en situation de combattre avec succès la candidature de M. Tribert, candidature hostile au gouvernement, qui défend les bases de l'ordre social, et contraire à la bonne harmonie comme aux intérêts bien entendus du canton, il importe que les hommes d'ordre de toute nuance oublient leurs préférences individuelles et s'entendent pour faire sortir de l'urne électorale le nom du candidat appuyé par l'Administration.

Faisons dans ce but avec persévérance, mais *sans bruit*, un appel à *tous les esprits droits*, à *tous les cœurs honnêtes*; et éclairons une population, dont les sentiments sont bons sur la portée et les conséquences si fâcheuses d'un vote en faveur du candidat de l'opposition. En effet ce vote bien qu'inspiré par des considérations toutes locales, toutes personnelles, ne manquerait pas d'être interprété dans un sens défavorable à la politique du gouvernement.

Je compte, à cet égard, sur votre dévouement éprouvé.

Agréez, Monsieur l'instituteur, l'assurance de ma considération la plus distinguée.

Le Préfet, L. ISOARD.

Nous n'ajouterons pas un mot de réflexion. Nous livrons en toute confiance cette Circulaire à l'appréciation *de tous les esprits droits* et *de tous les cœurs honnêtes.*

DELAVAULT.

(Extrait du *Mémorial* du 5 mai 1868.)

La proclamation suivante était affichée hier à la porte de toutes les mairies, à côté du placard qui annonçait la candidature de M. de Piolant :

PRÉFECTURE DES DEUX-SÈVRES

ÉLECTION D'UN CONSEILLER GÉNÉRAL

Pour le canton de Champdeniers

Electeurs,

Il y a moins d'un an vous avez compris que M. de la Roulière représentait au sein du Conseil général la pensée d'une bonne entente, d'un heureux accord entre le canton et l'administration, et vous l'avez élu à une immense majorité.

Soyez dimanche fidèles à ce vote et à vous-mêmes, fidèles à vos intérêts, et votez avec ensemble pour le beau-frère de votre regretté conseiller général, pour M. D'AVIAU DE PIOLANT.

Niort, le 1er mai 1868.

Le Préfet des Deux-Sèvres,

L. ISOARD.

Si on admet le système détestable des candidatures officielles, on doit convenir que cette proclamation en est une application très-modérée. On voit que nous n'évitons pas les rares occasions de concilier la vérité avec les égards. Mais toutes les circulaires ne se ressemblent pas, et les proclamations officielles, rédigées à la veille d'une défaite prévue, pour l'acquit de la conscience administrative, diffèrent sensiblement des circulaires mystérieusement offensives écrites vingt jours auparavant et qui devaient préparer *sans bruit* la victoire.

DELAVAULT.

(Extrait du *Mémorial* du 5 mai 1868.)

REMERCIEMENTS DE M. TRIBERT

AUX ÉLECTEURS

Messieurs,

Vous venez de me faire un honneur bien grand, mais surtout vous avez donné un bon exemple !

Depuis plus de deux mois, devant les candidatures simultanées, successives, contradictoires, devant les promesses, les menaces, les insinuations, les calomnies, votre affectueuse sagacité, votre indépendance résolue ne se sont ni démenties, ni troublées, ni irritées. Nous avons défendu ensemble la *liberté électorale ;* vous l'avez fait triompher. Vous m'avez su gré de quelque bonne volonté, mais ce que vous récompensez surtout en moi, c'est mon obstination à ne solliciter que votre libre confiance et à n'accepter jamais aucun intermédiaire entre nous.

Vous avez voulu aussi reconnaître les services longs et désintéressés de mon père, qui eut l'honneur de rester député sous deux rois et pendant un règne tout entier. Son souvenir vivant me protège dans les plus humbles maisons où j'entre quelquefois inconnu et d'où je sors joyeux et fier des amis que son nom m'a faits. Pendant la lutte, je n'ai jamais consenti à l'invoquer, de crainte d'exposer mon respect à d'indignes outrages. Mais j'attendais, avec impatience, je l'avoue, le jour où je ne pourrais plus le taire sans paraître ingrat, sans froisser vos meilleurs sentiments, et où il s'associerait nécessairement à votre victoire.

Je sais, Messieurs, ce que je dois à sa mémoire, ce que je dois à vos sentiments. Ne craignez pas que jamais je les trahisse, ou que j'en abuse et que je vous fasse repentir de votre confiance. Je n'ai ni l'habitude, ni le goût des excès de langage ; mais je serais bien heureux de vous prouver dans l'avenir, comme j'ai essayé de le faire dans le passé, que la modération n'exclut ni la fermeté, ni la persévérance.

Permettez-moi d'offrir à tous l'assurance de mon dévouement aux intérêts du canton, et à nos amis celle de ma particulière et profonde reconnaissance.

LOUIS TRIBERT.

(Extrait du *Mémorial* du 5 mai 1868.)

Chronique des Deux-Sèvres

ET DES DÉPARTEMENTS LIMITROPHES

—

M. Tribert vient d'être élu membre du Conseil général pour le canton de Champdeniers. Il a obtenu 1,496 voix, et M. d'Aviau de Piolant 688. Les habitants de ce canton n'ont voulu voir dans cette circonstance (mais c'est bien à tort) qu'une élection ne touchant en aucun point à la politique. M. Tribert s'est attaché à les entretenir dans cette idée. Pendant tout le cours de la lutte, il a pris la précaution de mettre son drapeau politique dans sa poche. Ce n'était pas sans de fortes appréhensions qu'il voyait le *Mémorial* lui prêter un concours, adroitement ménagé, dont il se fût volontiers passé. Mais, enfin, ses agents ont répété sur tous les tons qu'il ne s'agissait pas d'une question politique. Ils ont insisté si vivement sur ce point, en disant que le Conseil général ne s'occupait que de budget, de chemins, et enfin des intérêts départementaux, qu'ils ont pu établir un courant favorable à leur candidat. Cette élection avait été, d'ailleurs, préparée de longue main. De si nombreuses et de si magnifiques promesses avaient été faites, qu'il est facile d'expliquer l'arrivée de M. Tribert au Conseil général.

Nous ne sommes nullement étonné de ce scrutin (*). En définitive, tous les efforts de M. Tribert et de ses amis n'ont abouti qu'à retrouver à peu près le nombre de voix recueilli en 1863.

Ainsi, à cette époque, il avait eu 1,392 voix contre 520 voix. Aujourd'hui, il a 1,496 voix contre 688 voix. Différence égale, 800 voix. Ce qui ne fait, comme par le passé, que 400 voix de

(*) « En choisissant M. de Piolant, l'Administration a pressenti l'opinion publique. »
(Voir la *Revue de l'Ouest* du 2 mai 1868.)

majorité. Résultat d'une bien faible portée, pour toute la circonscription électorale.

Que M. Tribert vienne donc modestement s'asseoir au milieu de ses collègues ; qu'il ne s'exagère pas les conséquences d'un vote en dehors de la politique, et dont la signification est bien caractérisée par les paroles de ses agents et par l'attitude qu'il a tenue dans cette élection. Déjà d'imprudents amis laissent percer des projets ambitieux. L'expérience doit servir de leçon à l'homme sage. Ce n'est pas après le complet échec de 1863 que M. Tribert voudra éprouver une nouvelle et éclatante défaite. Le canton de Champdeniers, quand bien même il lui resterait en partie fidèle, ne peut avoir la prétention d'imposer son homme aux autres cantons de la circonscription électorale. Nous savons, d'ailleurs, que cette prétention est bien éloignée de la pensée de ces électeurs. Ils n'ont voulu voir, dans le dernier scrutin, qu'une affaire simplement départementale, n'ayant aucune signification politique. Leurs votes, nous en avons la certitude, seront tout autres, du jour où il s'agira de voter pour ou contre le Gouvernement de l'Empereur.

L. FAVRE.

(Extrait de la *Revue de l'Ouest* du 5 mai 1868.)

TABLEAUX COMPARÉS DES ÉLECTIONS DE 1863 & DE 1868

DANS LE CANTON DE CHAMPDENIERS

COMMUNES.	Élection de 1868					Élection de 1863						
	Inscrits.	Votants.	M. de Piolant.	M. Tribert.	Voix perdues.	Inscrits.	Votants.	M. Lasnonier.	M. Tribert.	M. Failly.	M. de Grandmay	Annulés.
Champdeniers....	427	377	42	331	4	381	326	20	301	2	2	1
Champeaux......	90	89	25	64	»	88	88	17	69	»	2	»
La Chapelle-Bâton.	235	221	202	18	1	229	193	99	73	2	19	»
St-Christophe-s.-Roc	226	212	80	132	»	219	202	41	154	1	6	»
St-Denis.........	71	69	13	56	»	72	62	3	55	»	4	»
Rouvre..........	89	76	9	66	1	87	81	9	71	1	»	»
Ste-Ouenne.....	204	192	40	152	»	178	147	49	94	2	2	»
Germond........	248	229	35	194	»	245	204	58	145	»	»	1
Surin............	290	263	68	195	»	290	256	163	89	2	2	»
Xaintray........	145	125	58	67	»	135	108	27	60	6	6	»
Pamplie..........	179	159	88	71	2	163	136	10	120	2	3	1
Cours..........	179	177	28	150	»	205	179	24	152	3	»	»
	2383	2189	688	1496	8	2292	1982	520	1392	21	46	3

ÉLECTION DE CHAMPDENIERS

LES JOURNAUX

AVENIR NATIONAL

Nous annonçions hier le succès notable obtenu dans le canton de Champdeniers (Deux-Sèvres) par M. Louis Tribert, candidat de l'opposition, nommé membre du Conseil général par 1,496 voix contre 668 données à M. d'Aviau de Piolant, candidat officiel. L'Administration n'avait rien négligé pour obtenir le triomphe de son candidat, et voici, d'après le *Mémorial de Niort*, en quels termes, dès le 14 avril, dans une circulaire *confidentielle et personnelle*, M. le préfet des Deux-Sèvres s'adressaux instituteurs du canton :

« M. de Piolant étant en situation de combattre avec succès la candidature de M. Tribert, candidature hostile au gouvernement, qui défend les bases de l'ordre social, et contraire à la bonne harmonie comme aux intérêts bien entendus du canton, il importe que les hommes d'ordre de toute nuance oublient leurs préférences individuelles et s'entendent pour faire sortir de l'urne électorale le nom du candidat appuyé par l'Administration.

» Faisons dans ce but avec persévérance, mais *sans bruit*, un appel à *tous les esprits droits*, à *tous les cœurs honnêtes*, et éclairons une population, dont les sentiments sont bons, sur la portée et les conséquences si fâcheuses d'un vote en faveur du candidat de l'opposition. En effet, ce vote, bien qu'inspiré par des considérations toutes locales, toutes personnelles, ne manquerait pas d'être interprété dans un sens défavorable à la politique du gouvernement.

» Je compte, à cet égard, sur votre dévouement éprouvé. »

Cette circulaire donne à l'élection de M. Tribert sa véritable signification.

J. MAHIAS.

TEMPS

Encore un triomphe signalé pour l'opposition libérale. Ainsi que nous l'avons dit hier, le canton de Champdeniers (Deux-Sèvres), avait à élire, dimanche dernier, un Conseiller général. Deux candidats étaient en présence : l'un était M. d'Aviau de Piolant, chaudement appuyé par l'Administration ; l'autre, M. Louis Tribert, vigoureusement combattu par elle. M. Isoard, préfet du département, croyait devoir définir comme suit ces deux candidatures, dans une circulaire *personnelle et confidentielle*, adressée aux instituteurs du canton :

....
....
....

Le scrutin a prononcé. M. Tribert a eu 1,496 voix et M. de Piolant 688.

Ce résultat est d'autant plus remarquable, que le canton de Champdeniers est un canton tout rural. Il nous donne un grand espoir pour les prochaines élections au Corps législatif. En 1863, dans la circonscription où se trouve Champdeniers, les voix s'étaient ainsi réparties : M. Lasnonier, candidat officiel, 10,772 ; M. Tribert, 7,467 ; M. Failly, 2,540 ; divers, 427. Un deuxième tour de scrutin avait donc failli être nécessaire, puisque l'Administration n'avait obtenu que 341 voix de majorité. S'il est permis de tirer une indication de ce qui vient de se passer à Champdeniers, le triomphe de l'opposition, en 1869, paraît assuré. N'oublions pas que ce succès doit être en partie attribué aux efforts de nos courageux et habiles confrères du *Mémorial des Deux-Sèvres*.

HENRI BRISSON.

GIRONDE

Dans les Deux-Sèvres, M. Louis Tribert, qui s'était présenté aux électeurs du canton de Champdeniers comme le défenseur de la liberté électorale, et qui a été chaudement appuyé par le *Mémorial*, l'a emporté à 808 voix de majorité contre M. d'Aviau de Piolant, candidat administratif. M. le préfet Isoard a pris lui-même le soin d'éclairer l'opinion publique sur la portée considérable de cette élection. Il écrivait, pour encourager le zèle des instituteurs, dans une circulaire confidentielle et personnelle :

....

....

....

M. de Piolant n'a réuni que 688 voix contre 1,496, et les bases de l'ordre social n'ont encore subi aucune secousse ; mais on sait que les électeurs du canton de Champdeniers sont hostiles, comme bien d'autres, aux pressions administratives, et, comme dit M. le préfet des Deux-Sèvres, défavorables à la politique du gouvernement.

COURRIER FRANÇAIS

L'Administration vient d'éprouver un échec dans le canton de Champdeniers (Deux-Sèvres). M. Tribert, candidat de l'opposition, vient d'être élu membre du Conseil général par 1,496 voix contre 688 données à M. d'Aviau de Piolant, candidat patronné. Ce qui donne à ce succès une valeur particulière, c'est le caractère de violence que certain journal du préfet avait donné à ses attaques contre M. Tribert et contre les rédacteurs du *Mémorial des Deux-Sèvres*, qui appuyaient ce candidat.

A. JACQUOT.

JOURNAL DES DÉBATS

M. Louis Tribert, fils de l'ancien député des Deux-Sèvres, et candidat indépendant aux élections de 1863, vient d'être élu membre du Conseil général pour le canton de Champdeniers (Deux-Sèvres).

Il a obtenu 1,496 voix.

Son concurrent, M. le vicomte d'Aviau de Piolant, candidat appuyé par l'Administration, en a réuni 688.

Voici en quels termes la *Revue de l'Ouest* avait attaqué le *Mémorial des Deux-Sèvres*, qui soutenait la candidature de M. Tribert :

« Il est de ces appuis qui révèlent le sens, le caractère et la portée d'une candidature. C'est ainsi que le *Mémorial* rend service sans le vouloir à tous les sincères et clairvoyants défenseurs de l'ordre, en patronnant, avec ses façons ordinaires de *Père Duchesne* en colère, le nom et la cause de M. Louis Tribert. La feuille d'opposition déploie sur la tête de son homme (on dit les hommes du *Mémorial*) une sorte d'enseigne dont la couleur criarde sert d'avertissement aux passants. Que représente, en effet, le *Mémorial?* les idées, les sentiments révolutionnaires ; l'opposition systématique contre l'autorité, à tous ses degrés, dans tous ses actes, dans toutes ses manifestations ; l'esprit de jalousie, de dénigrement, de mépris, de haine à l'égard des dépositaires du pouvoir et des sommités sociales ; les procédés de cette chicane qui substitue l'argutie à l'argument, le raisonnement à la raison ; la polémique à *canne plombée* qui assomme, au lieu de convaincre, le contradicteur sérieux ; la convoitise de tous les avantages politiques et sociaux que l'on a le tort de faire attendre à des ambitions qui se justifient surtout par la véhémence de leurs appétits.

» Et ce serait vous, ô honnêtes et intelligents habitants du canton de Champdeniers, qui accepteriez pour guide, pour conseiller, pour grand électeur dans vos communes, le *Mémorial*, personnage belliqueux, agressif, dominateur, qui cherche à monter sur vos épaules comme sur un pavois, pour adresser de là au Gouvernement et à l'Administration une nouvelle et retentissante déclaration de guerre !

M. le préfet donne-t-il à l'élection de M. Louis Tribert, après la lutte, la signification qu'il lui donnait avant le scrutin?

TH. MERCIER.

UNION DE L'OUEST.

Des élections ont eu lieu, dimanche dernier, dans le canton de Champdeniers (Deux-Sèvres), pour nommer un membre du Conseil général. M. Louis Tribert a été élu par 1,496 voix ; M. d'Aviau de Piolant, son concurrent, n'a obtenu que 688 voix. M. d'Aviau de Piolant était cependant le candidat cher au préfet, mais les électeurs du canton de Champdeniers ont d'autres amours, et à tous les amis du préfet ils préfèrent l'indépendance de leur choix et de leur mandataire.

Ce n'est pas que M. le préfet ait rien négligé de ses devoirs ; on peut même proclamer qu'il y a mis un zèle et dépensé une ardeur dignes d'un meilleur sort. Nous ne reproduirons pas toutes les circulaires, proclamations et affiches que M. L. Isoard (c'est le préfet) a rédigées, et lancées contre le candidat indépendant, M. Louis Tribert. Mais il faut cependant en donner un échantillon, afin que l'on sache bien la part de mérite qui lui revient nécessairement dans l'échec du candidat officiel.

Voici donc, par exemple, une circulaire que M. le préfet adressait aux instituteurs, à la date du 14 avril :

. . . .

. . . .

. . . .

Malgré la précaution de vouloir agir *sans bruit*, est-il permis à un préfet de caractériser une candidature comme étant « contraire à la bonne harmonie et aux intérêts du canton » ? Cette accusation *sans bruit*, mais également *sans preuve*, nous paraît ressembler beaucoup au petit système ingénieux que recommandait Bazile, pour déshonorer les gens qui gênent. Si M. d'Aviau de Piolant lui doit les 688 voix qui n'ont pas suffi à le faire élire, c'est encore trop pour la moralité du suffrage universel et la dignité de l'Administration. On demande à quoi peut servir le droit de réunion ? Il peut du moins servir à cela, que la candidature officielle sera forcée de se défendre au grand jour, et qu'un préfet ne se croira pas à l'abri de toute critique, uniquement parce qu'il aura dénigré *sans bruit* le candidat indépendant.

JULES ANDRÉ.

UNION

L'opposition démocratique vient de remporter un succès dans les Deux-Sèvres. M. Louis Tribert, candidat très-hostile, a été élu à une forte majorité membre du Conseil général pour le canton de Champdeniers. Il avait pour concurrent M. d'Aviau de Piolant, en faveur de qui l'Administration a déployé toute l'activité et le zèle dont elle est capable, zèle et activité qui n'ont pas été récompensés par les électeurs.

Nous remerçions le *Journal des Débats*, le *Temps*, l'*Avenir national*, la *Gironde* et l'*Union de l'Ouest*, qui ont bien voulu reproduire intégralement ou partiellement l'article de la *Revue de l'Ouest* et la circulaire aux instituteurs ; mais le *Constitutionnel* et la *Patrie*, qui ont déjà publié, il y a trois jours, des nouvelles de Mazières, paraissent ignorer encore l'élection de M. Tribert à Champdeniers.

TH. MERCIER.

(Extrait du *Mémorial* du 9 mai 1868)

Le *Journal de Paris* et le *Courrier Français* ont reproduit la lettre confidentielle adressée le 14 avril, par M. le préfet des Deux-Sèvres, aux instituteurs du canton de Champdeniers.

DEDAVAULT.

(Extrait du *Mémorial* du 9 mai 1868.)

LE *CONSTITUTIONNEL* NE LIT PAS LA *REVUE DE L'OUEST*

Le *Constitutionnel* a enfin reçu, d'un confident aussi discret que peu empressé, la nouvelle de l'élection de Champdeniers.

Voici en quels termes il en fait part au lecteur :

« M Tribert a été élu membre du Conseil général du département » des Deux-Sèvres pour le canton de Champdeniers. »

M. Tribert avait-il un concurrent? Ce concurrent était-il *appuyé par l'Administration?*

Le *Constitutionnel* paraît ignorer ces détails que nous ne dédaignons pas au fond de nos provinces. Peut-être aussi le *Constitutionnel* n'est-il point abonné à la *Revue de l'Ouest*, dont les doctrines *ultra-libérales* l'épouvantent? Ou, s'il est abonné, ne la lit-il pas avec toute l'attention qu'elle mérite?

Blâmerait-il, par hasard, les allures alternativement et inutilement mystérieuses ou bruyantes de cette feuille? Ne récompense-t-il que le succès et refuse-t-il de saluer le courage malheureux?

Le silence des officieux de Paris serait-il la leçon des préfets?

On se perd en conjectures permises.

DELAVAULT.

(Extrait du *Mémorial* du 12 mai 1868).

IMPARTIAL DAUPHINOIS

L'*Impartial dauphinois*, après avoir prêté sa publicité à la *circulaire confidentielle* « adressée aux instituteurs du canton, qu'il vaudrait peut-être mieux laisser à leur pénible et honorable mission », ajoute les réflexions suivantes :

« De son côté, l'officieux de l'endroit n'a ménagé ni les injures, ni les insinuations de toute sorte, et c'est avec la dernière violence qu'il a attaqué les défenseurs de la candidature indépendante, nos courageux et habiles confrères du *Mémorial des Deux-Sèvres*, auxquels revient en partie l'honneur de ce très-significatif succès.

» Voilà qui est d'un bon augure pour les élections de 1869. »

(Extrait du *Mémorial* du 12 mai 1868.)

INDÉPENDANT DE SAINTES

Parmi les élections aux Conseils généraux qui ont tourné à l'avantage de l'opposition, nous avons omis celle de M. Tribert, dans les Deux-Sèvres, et celle de M. de Ravinel, dans les Vosges, qui ont été élus malgré tous les efforts de l'Administration.

Ce ne sont pas les grandes villes qui ont fait ces élections, ce sont les campagnes, là où autrefois les candidats patronnés par le préfet avaient seuls des chances de succès, et c'est là surtout ce qui doit préoccuper les députés de la majorité et le gouvernement, qui ne s'abusent pas sur ces résultats et en mesurent l'importance.

Ce mouvement des esprits est visible, et devrait frapper l'attention des agents du pouvoir.

Au lieu de le nier et de se livrer à des attaques maladroites contre toute opposition, même la plus modérée, il serait plus sage et plus politique de leur part de se demander d'où vient ce changement, d'en rechercher les causes et les moyens d'y remédier.

SIÈCLE

Après avoir rapporté la *lettre confidentielle* de M. le préfet des Deux-Sèvres, à laquelle était réservée une si éclatante publicité, le *Siècle* ajoute :

Sans bruit! Que voilà qui est bien dit et sent, comme il convient, la petite conspiration... d'opéra-comique.

Sans bruit! Et l'on nous dira encore que les préfets sont incorrigibles ! Ce « sans bruit » est dû à la plume de ce même M. Isoard qui, si notre mémoire est bonne, lançait en 1863 de retentissantes proclamations contre la candidature de M. le marquis d'Andelarre, qui fut élu à une écrasante majorité.

Et dire que, *sans bruit*, M. Isoard n'a pas été plus heureux ! Grand Dieu ! à quel style les préfets se voueront-ils donc désormais, quand on songe qu'il ne s'est trouvé que 688 « esprits droits et cœurs honnêtes » pour comprendre celui de M. le préfet des Deux-Sèvres !

Quant à la circulaire de M. L. Tribert, elle nous livre ce détail curieux :

Vous savez bien, messieurs les électeurs, que le gouvernement s'est réservé le droit de réviser, de modifier tous les cinq ans le tableau des circonscriptions électorales ; d'y faire entrer ou d'en faire sortir, à son gré, un ou plusieurs cantons, et de déplacer ainsi, selon ses convenances ou son bon plaisir, les chances de l'élection.

Qui donc oserait affirmer que, si le canton de Champdeniers m'eût donné la majorité en 1867, *il figurerait encore au tableau de la circonscription* rectifié le 31 décembre, et qu'on se fût contenté d'ajouter un canton nouveau à ceux qui avaient pris part à la lutte de 1863 ?

C'est l'histoire récente de ce passant qu'on assomme, et qui reste vivant en faisant le mort.

Puisse cet innocent stratagème porter bonheur à M. Tribert dans les prochaines élections législatives.

E.-A. PASQUET.

M. DELAVAULT

Le *Mémorial des Deux-Sèvres* vient de faire une perte immense et bien cruelle en la personne de M. Delavault, son rédacteur en chef, mort après quelques jours de maladie. La démocratie perd en même temps un de ses plus fermes soutiens.

Il y avait déjà longtemps que M. Delavault était atteint, et que ses traits portaient l'empreinte du mal qui l'a emporté ; mais il supportait tout avec un si noble courage, il mettait tant de délicatesse à rassurer ses amis inquiets, que ces derniers ont pu se faire illusion jusqu'au dernier moment sur la gravité de son état. Aussi cette nouvelle funèbre va-t-elle les attrister, eux qui ne prévoyaient pas ce douloureux événement. Ce qui sera un soulagement à notre profond chagrin, c'est de savoir que nous ne serons pas seuls à porter ce deuil, et que cette mort sera déplorée par tous ceux qui avaient su apprécier l'âme d'élite de cet écrivain modeste, qui avait mis un talent si incontesté au service de ses solides convictions.

Si tous nos amis avaient pu voir comme nous notre rédacteur en chef à ses derniers moments, ils n'auraient pas seulement des regrets pour sa mémoire, ils partageraient notre admiration pour cette simplicité d'attitude, ce calme stoïque dans la souffrance et ce courage en face de la mort.

C'est qu'on meurt tranquillement quand on a la conscience d'avoir dignement accompli son devoir.

Ah! s'ils pouvaient se trouver là dans ce moment suprême, ceux qui parlent d'esprits turbulents et inquiets, ils verraient comment sait mourir un honnête homme, qui a toujours tout sacrifié à ses convictions.

Notre rédacteur en chef a fini comme il avait vécu, sans forfanterie comme sans faiblesse.

On peut dire sans exagération de ce vaillant défenseur de la démocratie, qu'il est mort sur la brèche, car le jour même où il a été enlevé, il était encore debout, causant de choses qui l'avaient occupé toute sa vie, et trouvant encore, à certains moiments, un sourire qui venait éclairer son visage pâle et amagri.

Jusqu'au dernier souffle, il a conservé le reflet de cette haute intelligence dont il avait donné tant de preuves, et quelques jours seulement avant sa mort, malgré nos instances, il voulait encore continuer la tâche laborieuse qu'il avait entreprise ; mais, hélas ! le corps n'avait pas la trempe vigoureuse de l'esprit, et le courageux écrivain a dû laisser tomber la plume lorsque sa main débile ne pouvait plus la soutenir.

Cette mort sera pour nous un grand exemple, et si quelque moment de découragement venait nous prendre dans la continuation d'une œuvre à laquelle notre rédacteur en chef s'était consacré si vaillamment, nous songerons à son existence si bien remplie et couronnée par une fin aussi modeste que l'avait été sa vie.

Nous ne voulons pas aujourd'hui envisager le lourd fardeau que nous devons recueillir, nous ne pouvons que pleurer notre pauvre ami, enlevé trop prématurément à notre affection, et nous ne faisons à nos lecteurs qu'une promesse, celle de continuer invariablement la même ligne politique qui nous était déjà commune, et d'essayer de suivre la voie qu'il nous avait si brillamment et si fermement tracée.

TH. MERCIER.

(Extrait du *Mémorial* du 28 mai 1868.)

Jeudi, à onze heures, nous avons conduit à sa dernière demeure notre excellent ami Delavault. Malgré une chaleur de 30 degrés, une nombreuse assistance accompagnait le convoi funèbre. Beaucoup de nos amis des environs n'avaient pu être prévenus assez à temps pour venir se joindre à nous, et témoigner de leur estime et de leur sympathie pour le défunt dans le douloureux et suprême moment. Seuls, les démocrates de Breloux, de la Crèche, de Celles et des villages voisins étaient arrivés de grand matin, l'heure du service n'ayant pu leur être donnée par la brève dépêche qui leur avait annoncé la mort de Delavault. Ah ! c'est que ceux-là aiment mieux attendre que de manquer l'heure à laquelle ils doivent accomplir un devoir.

En l'absence des deux fils aînés de Delavault, qui n'ont pas reçu assez tôt la triste nouvelle de la mort de leur père, le deuil était conduit par M. Delavault, leur oncle, curé de François, près Niort, assisté de MM. Tribert, conseiller général des Deux-Sèvres, et Mercier, directeur du *Mémorial*, et par M. Boutet, propriétaire, beau-frère du défunt, accompagné de M. Soulice, commissaire-adjoint de la marine, en retraite.

Les coins du poële étaient tenus par MM. Charles aîné, ancien constituant ; Ricard, avocat ; Antonin Proust, et Ayrault, vétérinaire.

Le cortége s'est mis en marche à onze heures pour l'église Saint-André, et il est arrivé au cimetière à midi 1/2.

Là, après que le cercueil fut descendu dans la tombe, M. Joseph Maichain, frère de M. Désiré Maichain, ancien commissaire du gouvernement provisoire dans les Deux-Sèvres et ancien membre de l'Assemblée constituante, prononça, au milieu d'un grand silence, le discours suivant, qui fut écouté avec le plus profond recueillement :

« Messieurs,

» Lorsque la mort enlève avant l'heure un de ces hommes dévoués qui n'ont eu toute leur vie qu'une conviction, le coup cruel frappe à la fois ses parents, ses amis, et tous ceux qui ont lutté avec lui pour le triomphe des mêmes idées. Tel a vécu l'homme auquel nous venons rendre les derniers devoirs ; tels sont nos regrets, et c'est au nom de tous que je viens, sur le bord de cette tombe, lui rendre le témoignage public de notre estime et de notre reconnaissance.

» Jacques Delavault naquit en 1812, à Thénezay (Deux-

Sèvres) ; son père, simple cultivateur, reconnut chez son fils une intelligence précoce, et s'imposant pour lui les plus lourds sacrifices, l'envoya au collége de Bressuire pour y faire ses études ; le jeune homme y marqua son séjour par de brillants succès.

» Plus tard, quand l'heure fut venue, pour ne point abandonner ses chères études, il résolut d'entrer dans l'Université. En 1844, nous le retrouvons professeur de 5e au collége de Niort. Parmi ceux qui m'écoutent, il en est plus d'un qui furent ses élèves ; ils attesteraient que nul ne fut aimé ni mieux écouté que lui. Quelques années après il était appelé au collége de Rochefort, pour y diriger le cours difficile de préparation aux écoles spéciales.

» Il occupait cette position, lorsqu'éclata la Révolution de 1848. C'était le triomphe de ses idées, et le jeune professeur crut qu'il pouvait prendre la plume pour propager ses généreuses convictions. Il écrivit dans un journal de Rochefort, *le Travailleur* , en collaboration avec MM. Roche , Remérand , Ardouin, Maitrot des Varennes, ingénieur des ponts et chaussées, maire de la ville, et bientôt le talent de ses rédacteurs amenait le journal au premier rang.

» La réaction survint, et M. Delavault fut envoyé en disgrâce au collége de Luçon, pour y faire le cours modeste de 7e. Il se résigna : il avait une femme, des enfants ! mais il avait gardé ses convictions ; l'exemple était mauvais. Il fallut encore le frapper, et on l'envoya à Montluçon comme professeur de classes élémentaires. M. Delavault ne put se résigner à subir cette nouvelle et bien injuste disgrâce ; il donna sa démission. Alors il vint fonder à Niort une maison libre d'éducation ; il s'y consacra tout entier ; il y fit preuve, comme professeur, des qualités les plus rares et les plus sérieuses ; mais ce généreux cœur savait mal calculer, et dans cette noble entreprise, il vit disparaître en entier sa modeste fortune. Toujours dévoué, il se sépara des siens pour aller faire un cours dans une institution de Versailles. Il y resta jusqu'en 1859, époque où M. Mercier, qui avait fondé à Niort le *Mémorial des Deux-Sèvres*, lui demanda son concours. Alors il accourut, il reprit sa plume, et anima ce vaillant journal du souffle ardent de ses convictions ; mais s'il était inflexible pour les idées, il était le meilleur et le plus doux des hommes, et ce rédacteur en chef d'un journal de lutte est mort sans avoir offensé un seul de ses adversaires.

» Tel a été l'homme auquel nous venons dire un dernier adieu. Je ne veux point le louer pour le talent ferme et délicat qui le distinguait comme écrivain. Ce que je veux signaler comme l'honneur de sa vie, seul patrimoine qu'il laisse à ses enfants, les nôtres aujourd'hui, c'est que malgré les luttes qui l'ont épuisé, malgré les séparations cruelles qui l'ont frappé dans ses plus chères affections, malgré les déceptions amères de sa triste vie, il n'y a point eu de place pour le désespoir dans cette âme honnête, profondément convaincue.

» Il est mort en nous montrant du doigt la terre promise de la liberté, en nous enseignant comment il faut la conquérir.

» Il est mort trop tôt, mais il a su bien mourir ! »

M. Louis Tribert s'étant approché de la tombe, a pris ensuite la parole en ces termes :

« Messieurs,

» Notre ami nous a fait voir, en une existence modeste et trop courte, de belles qualités et de grandes vertus.

» Je ne vous dirai rien de sa vie, il ne m'a jamais parlé de lui.

» Mais j'ai connu quelques-uns de ses sentiments. — J'ai peut-être deviné, parce que je l'aimais, quelques-uns de ceux qu'il avait l'habitude de voiler. — J'ai donc aussi le droit de répéter devant sa tombe ce que je prenais plaisir à dire, en causant avec ses amis et devant ses adversaires : nul homme ne m'inspira jamais plus d'estime.

» Son désintéressement égalait sa pauvreté. L'un ne lui donnait pas plus d'orgueil que l'autre ne lui causait de tristesse. Y pensait-il ? j'en doute.

» Il savait cependant discerner chez les autres ce qu'il semblait ignorer en lui-même. Il plaignait sans colère et sans mépris, ceux qu'une jeunesse impatiente ou une ardeur lassée, l'ambition, l'humeur facile, l'occasion décevante, faisaient glisser ou tomber, et son sourire rehaussait seul le courage de sa pauvreté.

» Que dire de sa persévérance au service de sa cause ? Les uns allaient, venaient, passaient, disparaissaient aux heures de leur intérêt, de leur loisir, de leur fantaisie ; lui seul était là, toujours ; lui seul n'avait qu'une pensée. — Rien ne venait l'en distraire, et cependant elle n'était importune ni aux autres, ni à lui-même. Elle le pénétrait sans l'obséder, donnait à son esprit la vigueur sans lui ôter la grâce.

» Oserai-je parler ici de son talent? Que son choix nécessairement si rapide, était sûr entre tant de sujets qu'il fallait, après d'habiles écrivains, proposer encore à ses lecteurs.

» Un style simple, clair, nerveux, la concision, le trait, le relief de ses bulletins et de sa polémique, l'infaillible correction du langage ont rendu pour nous M. Delavault aussi difficile à égaler qu'il sera nécessaire de l'étudier et de l'imiter.

» Heureux ceux qui le regretteront longtemps, car ils l'auront compris et sauront suivre son exemple.

» On ne dira, on ne saura peut-être jamais ce qu'il a fallu de qualités d'esprit et de caractère pour passer au milieu des obstacles, ou les tourner, pour tromper et braver à la fois les surveillances les plus inquiètes, pour faire vivre dignement un journal indépendant et toujours menacé, sans irriter les seules susceptibilités qui lui parussent valoir d'être ménagées, celles de ses amis.

» Il a vécu assez longtemps pour voir quelques-uns des principes qu'il avait défendus constamment, sinon consacrés, du moins invoqués de nouveau par ceux même qui les avaient combattus ou reniés.

» Si la reconnaissance publique savait toujours découvrir ceux qui seraient dignes d'elle, M. Delavault eût mérité d'obtenir l'honneur de représenter ses concitoyens dans toutes les Assemblées. Mais sans majorité et sans magistrature, il vivra dans nos mémoires fidèles ; ses enfants auront droit d'être fiers de son nom, s'ils savent s'en rendre dignes. — Puisse-t-il n'avoir jamais douté, en ces derniers jours, de notre amitié pour ses orphelins ! »

M. Pierre Caillet, d'Aiript, près la Crèche, a succédé à M. Tribert, et s'est exprimé ainsi :

« Delavault,

» C'est au nom de la jeunesse que je t'adresse ce dernier adieu. Par ton noble désintéressement, par ta vie de sacrifices, tu nous as tracé la voie à suivre. Ton exemple nous prouve que dans une époque où l'amour du lucre et des honneurs a perverti bien des consciences, on peut encore garder intactes ses convictions. Honneur à cette foi virile que n'ont ébranlé ni la pauvreté, ni les déceptions, ni les amertumes de l'existence ! Dans un corps frêle et brisé par la maladie, ton esprit est resté, jusqu'au bout, robuste et persévérant. Hier encore, un pied dans la tombe, mais confiant cependant dans l'avenir, tu nous disais en nous serrant la main : — Ce radieux printemps, ces moissons qui se préparent, cette verdure qui couvre la plaine, tout cela réjouit le cœur et donne l'espérance de voir prochainement s'épanouir la liberté. — Hélas ! noble ami, la liberté est une plante qui ressemble à l'aloès ; on la cultive pendant de longues années, on l'arrose de ses sueurs, de ses larmes, on lui sacrifie le meilleur de son être, et l'on meurt à la tâche avant d'avoir vu sa splendide éclosion !

» Adieu ! Delavault, ton souvenir, du moins, restera comme

un fécond enseignement, et c'est à nous à continuer la tâche interrompue. Adieu ! »

Ces trois discours ont vivement ému et impressionné tous ceux que la douleur et la sympathie la plus vive pour Delavault avaient réunis autour de son cercueil. Si sa grande âme a pu lire dans nos cœurs, au moment où les voix amies retraçaient avec autant d'éloquence que de vérité les traits les plus saillants de ce noble caractère, les phases diverses de cette existence si injustement tourmentée, elle a dû y voir nos regrets de nous séparer de lui et notre admiration pour les exemples de fermeté, d'abnégation et de dévouement qu'il nous a laissés.

Le cortége s'est lentement retiré du cimetière pour aller conduire les parents à la maison mortuaire.

Constatons, en terminant, que M. le capitaine de gendarmerie, dont la présence au cimetière, et non loin de la tombe, au moment de l'inhumation avait sans doute été ordonnée, a mis la plus grande discrétion dans l'accomplissement de son devoir.

EUG. AYRAULT.

(Extrait du *Mémorial* du 30 mai 1868.)

ENCORE LA CIRCULAIRE

DE M. LE PRÉFET DES DEUX-SÈVRES

Nous avons publié, dans notre numéro du 5 mai, une *circulaire* que M. le préfet des Deux-Sèvres avait cru devoir adresser *à MM. les maires et à MM. les instituteurs* du canton de Champdeniers, à l'occasion de l'élection au Conseil général.

Nous la reproduisons aujourd'hui intégralement, et nous la faisons suivre d'une lettre que MM. les instituteurs du canton de Champdeniers nous adressent; nous ne nous considérons point comme obligés à le faire, et quelques expressions échappées à MM. les instituteurs nous en dispenseraient absolument; mais nous sommes un organe de publicité, et sous la réserve de nos droits, nous ne refusons pas de déférer au désir exprimé par MM. les instituteurs, en insérant leur lettre, qui paraîtrait plus naturellement adressée à l'Administration elle-même :

PRÉFECTURE
des Deux-Sèvres.

CABINET DU PRÉFET.

Conseil Général

CANTON DE CHAMPDENIERS.

Confidentielle & Personnelle.

Niort, 14 avril 1868.

Monsieur l'instituteur,

L'élection d'un conseiller général, dans le canton de Champdeniers, est fixée au dimanche, 3 mai, et je m'empresse de vous informer que l'appui de l'Administration est accordé à M. de Pio*lent*, (sic) ancien maire de la Chapelle-Bâton où il a des propriétés, et beau-frère du regretté M. de la Roulière sous les auspices et la mémoire duquel il place sa candidature.

M. de Piolant étant en situation de combattre avec succès la candidature de M. Tribert, candidature hostile au gouvernement, qui défend les bases de l'ordre social, et contraire à la bonne harmonie comme aux intérêts bien entendus du canton, il importe que les hommes d'ordre de toute nuance oublient leurs préférences individuelles et s'entendent pour faire sortir de l'urne électorale le nom du candidat appuyé par l'Administration.

Faisons dans ce but avec persévérance, mais *sans bruit*, un appel à *tous les esprits droits*, à *tous les cœurs honnêtes*; et éclairons une population, dont les sentiments sont bons sur la portée et les conséquences si fâcheuses d'un vote en faveur du candidat de l'opposition. En effet ce vote bien qu'inspiré par des considérations toutes locales, toutes personnelles, ne manquerait pas d'être interprété dans un sens défavorable à la politique du gouvernement.

Je compte, à cet égard, sur votre dévouement éprouvé.

Agréez, Monsieur l'instituteur, l'assurance de ma considération la plus distinguée.

Le Préfet, L. ISOARD.

Voici maintenant la lettre de MM. les instituteurs :

Rouvres (en conférence), le 11 juin 1863.

Monsieur le rédacteur,

Vous avez publié dans le numéro du *Mémorial*, en date du 5 mai dernier, une lettre confidentielle et personnelle adressée par M. le préfet des Deux-Sèvres aux instituteurs communaux du canton de Champdeniers, à propos de l'élection d'un Conseiller général.

Cette publication d'une lettre confidentielle fait peser sur tous les instituteurs du canton un soupçon qui nous blesse, contre lequel nous protestons tous avec énergie ; car aucun de nous ne peut consentir à passer pour avoir violé le secret de la correspondance.

Nous avions espéré jusqu'ici que le coupable, puisqu'il y en a un, aurait le courage de prendre la responsabilité de l'action lâche dont il s'est souillé ; mais après avoir longtemps attendu, et puisqu'il garde le silence, nous ne pouvons tolérer que, pour cacher sa faute, il en laisse peser le soupçon sur tous ses collègues.

Nous nous sentons flétris par ce soupçon ; c'est ainsi que nous comprenons notre honneur, et nous nous adressons à vous pour le sauvegarder.

Nous attendons de votre loyauté, Monsieur le rédacteur, que vous voudrez bien publier dans le prochain numéro du *Mémorial* le nom de celui d'entre nous qui a failli aux lois de l'honneur et aux devoirs de sa position ; ou, si aucun de nous n'est coupable, nous espérons que vous voudrez bien faire savoir publiquement par quel moyen vous avez eu connaissance de la circulaire que vous avez publiée.

L'instituteur communal de Saint-Christophe-sur-Roc, MALLET ; — L'instituteur communal de Germond, ARNAULT ; — L'instituteur communal de Xaintray, F. LANGLOIS ; — L'instituteur communal de Champdeniers, NOCQUET ; — L'instituteur communal de Rouvres, L. RIFFAUD ; — L'instituteur communal de Cours, GRELLET ; — L'instituteur de Sainte-Ouenne, DENIZEAU ; — L'instituteur communal de la Chapelle-Bâton, COGNASSE ; — L'instituteur communal de Surin, FOURNIER ; — L'instituteur de Saint-Denis, François BOURDET ; — L'instituteur de Pamplie, PONCET.

MM. les instituteurs nous permettront d'ajouter quelques réflexions que nous croyons de nature à calmer leurs susceptibilités : La première, celle qu'ils auraient pu faire eux-mêmes, c'est que les noms de tous les instituteurs figurant au bas de la pièce qu'ils nous adressent sont la meilleure réfutation des soupçons dont ils se sont émus. La seconde, c'est que le tort dont ils s'absolvent eux-mêmes, à l'unanimité, ne serait peut-être pas aussi grave, ni aussi inouï qu'on semble être parvenu à le leur persuader.

Nous les prions de vouloir bien prendre lecture de l'opinion de M. Jolibois, commissaire du gouvernement (au *Moniteur* du 29 mai 1868, page 738, au bas de la sixième colonne), dans la discussion de l'élection de M. de Bosredon. Ils verront que M. le commissaire du gouvernement n'admet pas toujours « *que le grand mot de violation du secret des lettres* » soit prononcé, même lorsqu'il s'agit de lettres privées, et non d'une circulaire adressée à une douzaine de fonctionnaires au moins. L'autorité de cette doctrine nous paraît devoir être pour eux pleinement rassurante.

Mais si nous ne comprenons pas l'exagération, si honorable

qu'elle soit, de susceptibilités non fondées, nous comprenons parfaitement leurs *inquiétudes*, et c'est pour les aider à s'en délivrer que nous avons accueilli leur lettre.

Si l'Administration ne dénaturait pas le caractère de leurs fonctions et ne s'efforçait pas de les transformer violemment en agents des candidatures officielles, MM. les instituteurs ne se trouveraient pas mêlés, bien malgré eux, et à notre grand regret, à des affaires qui ne les concernent pas, mais qui peuvent leur devenir désagréables.

Quant à leur fournir de plus amples détails, ce n'est probablement pas avec l'espoir de les obtenir que MM. les instituteurs nous les ont demandés : nous savons ce qui ne mérite pas le bénéfice du secret et ce qui le commande.

Nous avons exercé un droit et rempli un devoir en faisant lire à plus de cinq cent mille personnes, grâce à la publicité qui nous est venue aide, une CIRCULAIRE qui s'est qualifiée en vain de *lettre confidentielle*. Si jamais nous en écrivons à un pareil nombre d'exemplaires, nous promettons de n'éprouver ni surprise ni indignation, dans le cas où elles tomberaient dans la publicité et deviendraient des matériaux pour l'histoire.

TH. MERCIER.

(Extrait du *Mémorial* du 16 juin 1868.)

Les instituteurs du canton de Champdeniers ont profité de leur première réunion pour protester contre la violation du secret des lettres commise par le *Mémorial des Deux-Sèvres*. Nous avons entretenu nos lecteurs de ce fait si grave, et nous l'avons énergiquement blâmé au nom d'un principe qui ne souffre aucune exception. Les instituteurs du canton de Champdeniers ont rédigé la lettre suivante, qui a été insérée dans le dernier numéro du *Mémorial* :

Rouvres (en conférence), le 11 juin 1868.

Monsieur le rédacteur,

Vous avez publié dans le numéro du *Mémorial*, en date du 5 mai dernier, une lettre confidentielle et personnelle adressée par M. le préfet des Deux-Sèvres aux instituteurs communaux du canton de Champdeniers, à propos de l'élection d'un Conseiller général.

Cette publication d'une lettre confidentielle fait peser sur tous les instituteurs du canton un soupçon qui nous blesse, contre lequel nous protestons tous avec énergie ; car aucun de nous ne peut consentir à passer pour avoir violé le secret de la correspondance.

Nous avions espéré jusqu'ici que le coupable, puisqu'il y en a un, aurait le courage de prendre la responsabilité de l'action lâche dont il s'est souillé ; mais après avoir longtemps attendu, et puisqu'il garde le silence, nous ne pouvons tolérer que, pour cacher sa faute, il en laisse peser le soupçon sur tous ses collègues.

Nous nous sentons flétris par ce soupçon ; c'est ainsi que nous comprenons notre honneur, et nous nous adressons à vous pour le sauvegarder.

Nous attendons de votre loyauté, Monsieur le rédacteur, que vous voudrez bien publier dans le prochain numéro du *Mémorial* le nom de celui d'entre nous qui a failli aux lois de l'honneur et aux devoirs de sa position ; ou, si aucun de nous n'est coupable, nous espérons que vous voudrez bien faire savoir publiquement par quel moyen vous avez eu connaissance de la circulaire que vous avez publiée.

L'instituteur communal de Saint-Christophe-sur-Roc, Mallet ; — L'instituteur communal de Germond, Arnault ; — L'instituteur communal de Xaintray, F. Langlois ; — L'instituteur communal de Champdeniers, Nocquet ; — L'instituteur communal de Rouvres, L. Riffaud ; — L'instituteur communal de Cours, Grellet ; — L'instituteur de Sainte-Ouenne, Denizeau ; — L'instituteur communal de la Chapelle-Bâton, Cognasse ; — L'instituteur communal de Surin, Fournier ; — L'instituteur de Saint-Denis, François Bourdet ; — L'instituteur de Pamplie, Poncet.

Le *Mémorial* n'indique pas le coupable, mais il ne fait pas non plus savoir publiquement par quel moyen il a eu connaissance de la circulaire qu'il a publiée. Il se borne à prier les instituteurs du canton de Champdeniers de vouloir prendre lecture de l'opinion de M. Jolibois, commissaire du gouvernement (*Moniteur* du 29 mai 1868, page 738, sixième colonne), qui n'admet pas toujours « *que le grand mot de violation du secret des lettres* » soit prononcé, même lorsqu'il s'agit de lettres privées, et non d'une circulaire adressée à une douzaine de fonctionnaires au moins.

Si les instituteurs veulent bien se reporter à ce numéro du *Moniteur*, ils y verront que M. Jolibois proteste, au contraire, de son respect pour le secret des lettres, et que c'est au nom de la morale qu'il est venu à la tribune dévoiler une tactique que ses adversaires *passaient prudemment sous silence*. Nous regrettons que la loi nous interdise de reproduire cette partie des débats du Corps législatif concernant cette question ; mais qu'on lise les paroles du commissaire du gouvernement, et on verra que, plus que personne, il porte le plus grand respect au secret d'une correspondance particulière.

Ainsi, le *Mémorial*, loin de trouver dans les paroles de M. Jolibois une preuve à l'appui de sa déplorable doctrine, y rencontre une condamnation formelle.

Nous comprenons la situation de ce journal. Elle est dure et pénible. Mais à qui la faute ? N'est-ce pas lui qui doit en prendre la responsabilité? C'est une leçon qui, nous l'espérons, portera ses fruits. Le *Mémorial* saura mieux à l'avenir ce *qui ne mérite pas le bénéfice du secret et ce qui le commande.*

Quant aux insinuations à l'adresse de l'Administration, il nous serait facile de trouver, là encore, une accusation bien légère et bien fausse. Nous regrettons de n'avoir pas entre mains une protestation remise, il y a plus d'un mois, à M. le Préfet, par les mêmes instituteurs, au sujet de la publication d'une lettre confidentielle adressée à l'un d'eux. Le *Mémorial* en la lisant attentivement, y verrait de quelle nature sont les conseils que l'Administration peut adresser, en matière d'élection, aux instituteurs communaux ; il y trouverait la preuve qu'on a toujours respecté en eux la dignité de l'homme et la conscience de l'électeur. Nous nous réservons de revenir sur cette protestation.

Comme les instituteurs communaux, nous pensons que, dans quelque intérêt que ce puisse être, il est toujours honnête de respecter la correspondance.

Nous ne sommes pas de l'école des révérends Pères Jésuites qui professent la doctrine suivante :

DEMANDE. Est-il permis de lire les lettres adressées à un autre ?

RÉPONSE. Non ; il est défendu, sous peine de *péché grave*, de lire les lettres adressées à un autre, même de lire celles qu'on trouve ouvertes sur un bureau ou quelque lieu semblable, *à moins que l'on ait des raisons sûres de présumer le consentement de l'auteur de la lettre ou du destinataire.*

Le *Mémorial des Deux-Sèvres* a donc le bonheur de se trouver, dans cette circonstance, en conformité complète de doctrine avec les révérends Pères Jésuites. C'est là où conduit une indépendance trop aveugle pour être éclairée.

Le secrétaire de la rédaction : DUPUY.

(Extrait de la *Revue de l'Ouest* du 18 juin 1868.)

LA CIRCULAIRE

DE M. LE PRÉFET DES DEUX-SÈVRES ET LA LETTRE DE MM. LES INSTITUTEURS

Quelques journaux se sont occupés déjà de la lettre de MM. les instituteurs, que nous avons insérée dans notre dernier numéro. Avant de demander la publicité pour leur tardive réclamation, ils auraient, croyons-nous, agi sagement en consultant leurs chefs hiérarchiques sur l'opportunité d'une semblable démarche. Nul doute que loin de les engager dans cette voie, on eût cherché à leur en faire comprendre le danger et qu'on eût tout fait pour calmer leur ardeur, afin d'éviter à l'Administration le désagrément d'être de nouveau discutée par toute la presse et de voir reprendre en sous-œuvre sa fameuse théorie du SANS BRUIT.

TH. MERCIER.

(Extrait du *Mémorial* du 18 juin 1868.)

GIRONDE

Notre excellent confrère de Niort, le *Mémorial des Deux-Sèvres*, nous arrive ce matin avec un singulier document. Peut-être nos lecteurs n'ont-ils pas perdu le souvenir d'une circulaire électorale adressée par M. le Préfet Isoard aux instituteurs du canton de Champdeniers pour leur recommander de faire une guerre acharnée à M. Tribert, candidat indépendant au Conseil général. Il y avait dans cette circulaire : « Faisons avec persévérance, mais sans bruit, un appel à tous les esprits droits, à tous les cœurs honnêtes, et éclairons une population dont les sentiments sont bons, sur la portée et les conséquences si fâcheuses d'un vote en faveur du candidat de l'opposition. » Ces recommandations furent vaines, puisque M. Tribert l'emporta, et le ridicule s'abattit sur elles de toutes les parties de la France. Double motif d'irritation du préfet, sous l'inspiration duquel les instituteurs du canton de Champdeniers, réunis en conférence, viennent d'écrire au *Mémorial* pour le sommer de désigner le traître qui a livré la circulaire confidentielle, et a provoqué tant de bruit quand on recommandait de n'en point faire. Le secret des lettres est violé, s'écrie la conférence ! Le *Mémorial* rappelle que M. Jolibois, dans le débat sur l'élection de la Dordogne, a trouvé fort mauvais qu'on se servît de ce grand mot de violation des lettres lorsqu'il s'agissait d'une lettre privée adressée par M. de Mainville à une seule personne. Comment donc, ajoute-t-il, ose-t-on s'en servir quand il s'agit d'une circulaire adressée à douze fonctionnaires ! Si les instituteurs veulent répliquer, la galerie ne s'en plaindra pas, car l'incident est gai après avoir été choquant.

J. Massicault.

UNION

Il y a quelques semaines, un canton du département des Deux-Sèvres eût à nommer son représentant au conseil général. Le *Mémorial* de Niort eut connaissance d'une circulaire confidentielle adressée par le préfet aux instituteurs, circulaire dans laquelle le premier magistrat du département transformait ces modestes fonctionnaires en agents électoraux. Le *Mémorial* publia la pièce. On fut très mécontent en haut lieu de cette révélation, et on se demanda quel était l'indiscret qui avait communiqué la circulaire confidentielle.

Des reproches ont-ils été adressés aux instituteurs du canton, une enquête administrative a-t-elle eu lieu ? Nous l'ignorons. Toujours est-il que les instituteurs mis en suspicion viennent d'écrire au *Mémorial des Deux-Sèvres* une lettre collective pour e sommer de ne pas laisser la responsabilité peser sur tous et de dévoiler le nom du « coupable, » qui s'est « souillé » d'une « action lâche. » Toute la lettre est dans ce style-là. Il est possible que les instituteurs nommés par M. Duruy ou au nom de M. Duruy aiént de l'orthographe ; mais il ne paraît pas que leur 'angage ait le vernis de la politesse. Au reste, nous sommes plutôt disposés à plaindre ces pauvres pères de famille qu'à les blâmer sévèrement ; c'est l'Administration qui dénature leur caractère, c'est l'Administration qui exige d'eux des services extraordinaires, c'est l'Administration qui les place dans la plus compromettante position. Sur l'Administration doit donc rejaillir le ridicule de la lettre des instituteurs du canton de Champdeniers, publiée par le *Mémorial des Deux-Sèvres*.

LA VIOLATION DU SECRET DES LETTRES

PAR LE *MÉMORIAL*

Nous avons publié la lettre que les instituteurs du canton de Champdeniers ont adressée au *Mémorial des Deux-Sèvres*, pour inviter ce journal à faire connaître le nom de celui d'entre eux qui a failli aux lois de l'honneur et aux devoirs de sa position. « Si aucun de nous n'est coupable, ajoutaient-ils, faites savoir publiquement par quel moyen le *Mémorial* a eu connaissance de la circulaire qu'il a publiée. »

Cette sommation a le mérite d'être nette et catégorique. Nous savons que le *Mémorial* y a répondu d'une manière des plus évasives, et qu'il a cherché à faire peser sur l'Administration les accusations les plus malveillantes. « Si l'Administration, a-t-il dit, ne dénaturait pas le caractère de leurs fonctions et ne s'efforçait pas de les transformer violemment en agents des candidatures officielles, MM. les instituteurs ne se trouveraient pas mêlés, bien malgré eux, et à notre grand regret, à des affaires qui ne les concernent pas, mais qui peuvent leur devenir désagréables. »

Cette assertion est complètement fausse. L'Administration, loin de dénaturer le caractère dès fonctions de l'instituteur, le respecte beaucoup plus qu'aucun gouvernement ne l'a fait jusqu'à ce jour, et que M. Jules Favre ne le pratiquait, lorsqu'il était membre de la commission provisoire, en 1848. On connaît le texte de la circulaire de ce tribun aux instituteurs, à propos des élections des députés à la Constituante. C'est donc l'ami du *Mémorial* qui dénaturait le caractère des fonctions des instituteurs, et qui s'efforçait de les transformer violemment en agents des candidatures officielles. MM. les instituteurs ont été obligés alors de se trouver mêlés, bien malgré eux, à des affaires qui ne les concernaient pas, mais qui, pour plusieurs, sont devenues désagréables.

Voilà comme les hommes indépendants ont fait peser sur les instituteurs la plus terrible tyrannie, tyrannie qu'ils renouvelleraient si, par malheur, l'occasion s'en présentait de nouveau.

Ce n'est pas ainsi que l'Administration du Gouvernement de l'Empereur comprend les rapports qui doivent exister entre elle et les instituteurs. Ce n'est point par la menace qu'elle procède : c'est par la persuasion, par des conseils qu'elle a le droit et le devoir d'adresser. Les instituteurs apprécient si bien cette attitude, qu'ils en ont rendu témoignage en toutes circonstances.

Aussi, dès le 14 mai, ils se sont empressés d'adresser *spontanément* (nous mettons le *Mémorial* au défi de prouver le contraire) la lettre suivante à M. le Préfet des Deux-Sèvres :

« Monsieur le Préfet,

» Les instituteurs communaux du canton de Champdeniers, soussignés, réunis aujourd'hui en conférence mensuelle à Xaintray, se sont communiqués la douloureuse impression que leur a fait subir la publication d'une circulaire confidentielle et personnelle que vous leur avez fait l'honneur de leur adresser le 14 avril dernier.

» Ils savent que dans cette communication, comme dans toutes celles qu'ils avaient précédemment reçues relativement aux élections, l'Administration les a toujours laissés libres d'exercer leur droit électoral selon l'inspiration de leur conscience, et s'est bornée à leur donner des conseils dont ils pouvaient tenir tel compte que bon leur semblait.

» Ils savent aussi que jamais personne ne s'est occupé de rechercher de quelle manière ils avaient pu voter : ils n'avaient donc à redouter ni pression, ni menaces, encore moins aucun acte de sévérité.

» Ils sont indignés de la lâcheté de celui d'entre eux qui a pu trahir, avec la confiance de l'Administration, le secret d'une correspondance confidentielle et personnelle ; ils veulent croire que c'est par surprise qu'on lui aura soustrait une copie de cette circulaire. Quant à eux, tout en protestant contre l'usage qu'on a fait de cette pièce, ils affirment que ce n'est par aucun d'eux qu'on en a obtenu la communication. Ils sentent le besoin de vous en donner l'assurance sur leur honneur, et de repousser loin d'eux le soupçon de lâcheté et d'infamie que la trahison ou la faiblesse d'un seul fait peser sur eux tous.

» Vous ne vous étonnerez point, Monsieur le Préfet, de la démarche qu'ils font auprès de vous, et vous l'accueillerez avec votre bienveillance ordinaire comme venant d'hommes que le sentiment de l'honneur et de la probité inspire, que vous avez crus dignes de votre estime, qui n'ont jamais cessé de la mériter, et qui feront tous leurs efforts pour la justifier toujours.

» Nous avons l'honneur d'être, Monsieur le Préfet, avec le plus profond respect, vos très-humbles et très-dévoués serviteurs.

» L'instituteur communal de Champdeniers, Nocquèt ; — L'instituteur communal de Xaintray, F. Langlois ; — L'instituteur communal de la Chapelle-Bâton, Cognasse ; — L'instituteur communal de Surin, Fournier ; — L'instituteur communal de Germond, Arnault ; — L'instituteur communal de Sainte-Ouenne, Denizeau ; — L'instituteur communal de Pamplies, Poncet.

» Xaintray, le 11 mai 1868. »

Nous avons ainsi eu raison de déclarer fausses, pour ne pas dire plus, les insinuations du *Mémorial* à l'adresse de l'Administration. Les instituteurs loin d'élever aucune plainte, aucune réclamation, proclament bien haut : « QUE L'ADMINISTRATION

LES A TOUJOURS LAISSÉS LIBRES D'EXERCER LEUR DROIT ÉLECTORAL SELON L'INSPIRATION DE LEUR CONSCIENCE, ET QU'ELLE S'EST BORNÉE A LEUR DONNER DES CONSEILS DONT ILS POUVAIENT TENIR TEL COMPTE QUE BON LEUR SEMBLAIT.

» ILS SAVENT AUSSI QUE JAMAIS PERSONNE NE S'EST OCCUPÉ DE RECHERCHER DE QUELLE MANIÈRE ILS AVAIENT PU VOTER : ILS N'AVAIENT DONC A REDOUTER NI PRESSION, NI MENACES, ENCORE MOINS AUCUN ACTE DE SÉVÉRITÉ. »

Quel plus complet et plus bel hommage peut-on rendre à l'Administration ! Elle laisse toute liberté à ces hommes, que M. Jules Favre menaçait dans sa circulaire, elle évite d'exercer contre eux la pression, et encore moins aucun acte de sévérité.

Les *indépendants* ont-ils jamais recueilli de semblables témoignages de reconnaissance ? Bien loin de là, ils n'ont toujours soulevé, dans leur rapide et funeste passage au pouvoir, que des protestations, et ils n'ont semé sur leurs pas que menaces, injonctions, violences et intimidations des plus tyranniques.

Nous avons donc le droit de dire au *Mémorial* que si un pouvoir a jamais cherché à dénaturer le caractère des fonctions des instituteurs, c'est le gouvernement provisoire ; mais que jamais aucun gouvernement n'a eu, comme le nôtre, plus de respect et plus de sollicitude pour les instituteurs. Jamais il ne les mêle à des affaires désagréables, et jamais non plus il ne les abandonne à leurs ennemis, de quelque nuance qu'ils soient.

Le secrétaire de la rédaction : DUPUY.

(Extrait de la *Revue de l'Ouest* du 20 juin 1868.)

MOINS DE DÉDAIN ET PLUS DE JUSTICE

POUR LES INSTITUTEURS

Les journaux la *Gironde* et l'*Union* approuvent le *Mémorial des Deux-Sèvres* d'avoir inséré, dans ses colonnes, une lettre confidentielle et personnelle adressée à un instituteur par M. le Préfet. Ils trouvent très-loyale, très-délicate, très-honnête, la conduite du *Mémorial*. Cette approbation, émanant de l'*Union*, ne nous étonne pas. Comme le *Mémorial*, il accepte la doctrine très-*indépendante* des révérends Pères Jésuites : « *Qui veut la fin, veut les moyens !* » Mais tout le monde ne possède pas ce genre d'indépendance, et si le *Mémorial* trouve des approbateurs à Bordeaux et à Paris, il en rencontre bien peu dans notre département.

La *Gironde* déclare l'incident soulevé par les instituteurs *gai, après avoir été choquant*. L'*Union* le juge *ridicule*. Comment, un instituteur qui défend avec une énergie indignée son honneur mis en suspicion, est un homme ridicule ! il excite la gaieté de MM. les démocrates de la *Gironde*. Mais, s'il en était ainsi, il faudrait reconnaître que les mots n'ont plus de sens, et que les actes n'ont plus de moralité. Ne refusez donc pas à un instituteur ce que vous accordez au premier venu. Ayez moins de dédain, et surtout plus de justice, si vous ne voulez pas soulever la conscience publique.

Le secrétaire de la rédaction : DUPUY.

(Extrait de la *Revue de l'Ouest* du 20 juin 1868.)

LE SILENCE DU *MÉMORIAL*

Nous avons, en vain, cherché dans le *Mémorial*, une réponse à nos derniers articles sur l'incident si grave de la publication, dans les colonnes de ce journal, d'une lettre confidentielle adressée à un instituteur du canton de Champdeniers.

Tous les instituteurs de ce canton persistent à protester avec énergie contre le soupçon que le *Mémorial* continue à laisser peser sur l'un d'eux. Tous déclarent qu'aucun d'eux ne peut consentir à passer pour avoir violé le secret de la correspondance.

Devant cette protestation et en présence du refus du *Mémorial* de faire connaître le nom de l'instituteur qui a failli aux lois de l'honneur et aux devoirs de sa position, nous avons le droit de constater que c'est par un moyen inavouable que ce journal a eu connaissance de la lettre confidentielle qu'il a publiée.

Nous constatons aussi que le *Mémorial* reconnaît la justesse et la vérité des déclarations spontanées des instituteurs du canton de Champdeniers, qui infligent un démenti si net et si absolu aux insinuations malveillantes qu'il avait cherché à faire peser sur l'Administration.

Le Secrétaire de la rédaction : DUPUY.

(Extrait de la *Revue de l'Ouest* du 25 juin 1868.)

LA *GIRONDE* A LA *REVUE DE L'OUEST*

L'affaire des instituteurs du canton de Champdeniers, dont nous avons parlé à diverses reprises, continue à faire grand bruit dans les Deux-Sèvres. La *Revue de l'Ouest*, journal officieux de Niort, y consacre deux colonnes de son dernier numéro, et comme la *Gironde*, par les observations qu'elle a présentées, est mêlée à l'incident, ce numéro où nous sommes malmenés nous est exceptionnellement adressé, « afin, » sans doute, « que nous n'en ignorions. » La *Revue* élargit singulièment le débat. Elle entreprend de prouver tout à la fois que le *Mémorial*, notre sympathique confrère, fait le métier de violer le secret des lettres ; que l'administration, qui demande aux instituteurs de protéger *sans bruit* les candidatures officielles, respecte la nature de leurs fonctions et n'opère sur eux aucune pression ; que tout au contraire, l'infâme république de 1848 a opprimé ces fonctionnaires et les a tenus dans « la plus terrible tyrannie ; » que le *Mémorial* de Niort, l'*Union* de Paris et la *Gironde* de Bordeaux pratiquent « la doctrine jésuitique : *Qui veut la fin, veut les moyens ;* » qu'ils refusent aux instituteurs ce qu'ils accordent au premier venu, le droit de se défendre contre d'indignes attaques ; qu'enfin, s'ils ne cèdent pas aux conseils de la *Revue*, « s'ils n'ont pas moins de dédain et plus de justice, inévitable- » ment ils soulèveront la conscience publique. »

Il y a là-dedans pathos et pataquès. Par exemple, la *Revue* croit à tort que la maxime : *Qui veut la fin, veut les moyens*, est d'origine jésuitique ; elle est fille du sens commun, et traduit une vérité certaine. Comment arriver à une fin sans employer les moyens ? Les Latins disaient *age quod agis*, il faut faire ce qu'on fait. Le mot après lequel a couru la *Revue* est celui-ci, tout différent : *la fin justifie les moyens.* Une erreur de cette sorte n'indique pas un esprit bien sûr de lui : rien donc d'étonnant qu'au fond le jugement soit troublé. Rappelons les faits.

Une élection pour le Conseil général a eu lieu dans le canton de Champdeniers, et M. le Préfet a demandé aux instituteurs publics de s'employer à faire triompher son candidat, qui est resté par terre. A-t-il eu tort? A-t-il eu raison? En réclamant le concours des instituteurs, le Préfet a dit que ce concours devait être en même temps très actif et très secret; sans trêve, mais *sans bruit*. La recommandation était-elle loyale ou était-elle... habile? Le *Mémorial des Deux-Sèvres* a imprimé toute vive une circulaire que tous les électeurs avaient intérêt à connaître. En avait-il le droit? Les instituteurs réunis en conférence ont rédigé et signé : premièrement, à la date du 14 mai, un certificat de bonne conduite, vie et mœurs, à l'adresse du Préfet, qui, disent-ils, les laisse parfaitement libres de voter à leur guise; — et deuxièmement, un peu plus tard, une sommation au *Mémorial* d'avoir à déclarer comment et par qui la circulaire lui aurait été remise. Ces instituteurs n'auraient-ils pas mieux employé le temps de leur conférence en s'occupant d'objets scolaires?

Voilà, sans que la République de 1848 — probablement encensée il y a vingt ans par la *Revue de l'Ouest*, comme auparavant la monarchie de Juillet et l'Empire depuis — ait plus à faire ici que les jésuites, voilà la très simple question que « la conscience publique » est appelée à résoudre. Son jugement n'est pas douteux. Elle a répondu, elle répondra encore que des excès de zèle pareils à celui du Préfet des Deux-Sèvres reçoivent par la publicité des journaux et la réprobation qui en est la suite, une châtiment fort mérité; que ce n'est pas respecter des instituteurs que de leur enjoindre d'exercer, même *sans bruit*, les fonctions de courtiers électoraux; que des instructions de ce genre se donnent au moins à ciel ouvert et non pas sous le manteau; qu'on a aggravé la première faute commise en prolongeant l'incident; qu'il est ridicule ou douloureux, selon l'humeur des gens, de voir des réunions de fonctionnaires dont l'enseignement primaire devrait être le soin unique, consacrées à libeller péniblement des litanies préfectorales et des malédictions contre la presse indépendante ; qu'avec plus de netteté dans les idées, avec une ophthalmie mentale moins accusée, la *Revue de l'Ouest* et ses patrons se rendraient compte de cela comme tout le monde ; que surtout le candidat indépendant, M. Tribert, étant nommé, ils ne joueraient pas ce jeu d'entretenir l'attroupement d'une galerie qui les siffle, et de perpétuer le défilé de dix fonctionnaires évidemment contrits d'avoir été tirés de leurs écoles et désireux d'y retourner.

J. MASSICAULT.

(Extrait du *Mémorial* du 27 juin 1868.)

LA *REVUE* SE PLAINT DE NOTRE SILENCE

Au moment même où la *Revue de l'Ouest* se plaignait, l'ingrate, de notre silence, notre correspondance de Paris voulait bien lui consacrer quelques lignes, que le *Mémorial* a insérées dans son numéro de jeudi 25. Nous remercions notre correspondant d'avoir si bien compris l'intérêt qui s'attache à la question générale, et de l'avoir traitée sans se préoccuper le moins du monde de la *Revue*. Mais puisque celle-ci réclame quelque chose de nous, essayons à notre tour de la satisfaire.

Il paraît que nous nous étions trompé, en croyant que les plaisanteries trop prolongées ne sont pas toujours les meilleures. Tel n'est pas l'avis de la *Revue de l'Ouest*.

Ce journal nous reprochait l'autre jour ce qu'il appelait nos *dédains* ; hier, il semblait regretter notre silence, comme s'il manquait de quelque agrément, quand nous ne nous croyons pas obligé à lui donner la réplique et à rompre, par un dialogue animé, la monotonie habituelle de son débit.

Quant à nos dédains, la *Revue de l'Ouest* a peut-être deviné un sentiment que nous n'exprimons pas toutes les fois que nous l'éprouvons, mais elle a paru se méprendre sur les personnes qui nous l'inspirent.

Nous avons reçu de MM. les instituteurs du canton de Champdeniers une lettre que rien ne nous obligeait à insérer. Nous l'avons publiée par égard pour leurs personnes et leurs fonctions. Nous l'avons fait suivre de réflexions calmes et sérieuses ; nous croyons donc leur avoir répondu.

Quant à la *Revue de l'Ouest*, elle a publié une seconde lettre d'une date antérieure et dont on ne nous a point demandé l'insertion.

Cette première lettre, publiée la seconde, est adressée à M. le Préfet. Elle a été pendant près d'un mois confidentielle, à son tour. Puis le tour de sa publication *est à la fin venu.* On nous permettra une toute petite observation : il paraît que les lettres confidentielles écrites par plusieurs instituteurs à M. le Préfet, peuvent ou doivent, en certain cas, être publiées ; mais que la *circulaire* (c'est le nom que MM. les instituteurs, rendant hommage à l'évidence, lui ont donné eux-mêmes) adressée par M. le Préfet, dans un intérêt électoral, à MM. les les maires et à MM. les instituteurs de douze communes, ne peut, sous peine des plus grands et des plus gros mots, être publiée par les journaux qu'après avoir été insérée au RECUEIL DES ACTES ADMINISTRATIFS.

Vraiment nous sommes bien naïfs de parler de tout cela sérieusement. Le dictionnaire seul peut conserver sa gravité.

Si la *Revue de l'Ouest* avait bien voulu ouvrir celui de l'Académie avant de se servir du mot *insinuation*, elle aurait lu (2e volume, p. 42, 1re colonne, 6e édition 1835).

INSINUATION :

Se dit également de tout discours par lequel, sans énoncer positivement une chose, on la donne à entendre ou on prépare l'esprit à la recevoir.

Est-ce *l'adresse de style* dont nous avons usé ? Nous n'avons rien fait de pareil. Nous avons bel et bien affirmé, accusé, et la circulaire confidentielle à la main, prouvé notre accusation.

Entre l'administration qui s'accuse elle-même, par sa circulaire, et MM. les instituteurs qui essaient en vain de l'excuser, nous en appelons, comme à l'ordinaire,

AUX ÉLECTEURS, NOS JUGES.

TH. MERCIER.

(Extrait du *Mémorial* du 27 juin 1868.)

L'affaire des instituteurs de Champdeniers a son retentissement jusque dans le journal la *Gironde*. « Cette affaire, dont nous avons parlé à diverses reprises, dit ce journal, continue à faire grand bruit dans les Deux-Sèvres. La *Revue de l'Ouest*, journal officieux de Niort, y consacre deux colonnes de son dernier numéro, et comme la *Gironde*, par les observations qu'elle a présentées, est mêlée à l'incident, ce numéro, où nous sommes malmenés, nous est exceptionnellement adressé, « afin, » sans doute, « que nous n'en ignorions. »

La *Gironde* a reçu notre dernier numéro. Nous en sommes bien aise. Mais nous n'avons pas pris l'initiative de cet envoi, parce que la *Gironde*, qui dans d'autres circonstances a attaqué la *Revue*, n'a jamais songé à nous adresser un seul de ses numéros, ce dont nous ne nous plaignons pas.

Comment se fait-il que la *Gironde* ait reçu notre numéro? L'explication de ce mystérieux envoi nous paraît très facile à donner. Le *Mémorial*, réduit aux abois, déconcerté par le *tolle* général que sa violation du secret des lettres a soulevé contre lui, n'a plus osé soutenir une polémique où chacun de nos arguments était sans réplique. C'est alors sans doute qu'il a eu recours à un de ces petits moyens qui tirent facilement d'embarras. Le journal indépendant aura glissé un numéro de la *Revue* sous une bande à l'adresse de la *Gironde*, « afin qu'elle n'en ignorât. » Nous sommes enchanté de cet envoi exceptionnel. Il nous vaut une réponse qui permet d'apprécier la bonne foi et la loyauté de la feuille gasconne.

La *Gironde* sent qu'elle a en main une mauvaise cause, et qu'elle défend un *sympathique* confrère qui, en définitive, a violé le secret des lettres. Elle se garde donc de procéder avec logique et de discuter une question perdue d'avance.

« Par exemple, nous dit cette feuille, la *Revue* croit à tort » que la maxime : *Qui veut la fin, veut les moyens*, est d'origine » jésuitique ; elle est la fille du sens commun et traduit une » vérité certaine. »

Comment trouvez-vous l'honnêteté de cette fille du sens commun, dont l'origine est si pure et si légitime, selon la doctrine de la *Gironde* ? Il faut vraiment l'indépendance des libres penseurs de ce journal, pour poser, en axiome de morale, la maxime « qui veut la fin, veut les moyens. » Mais lorsqu'on se montre si indulgent pour la violation du secret des lettres, on peut aussi être très tolérant sur les moyens à employer, surtout lorsqu'il s'agit d'une candidature indépendante. La *Gironde* croit que nous avons couru après le mot : « *la fin justifie les moyens.* » Non ! nous trouvons que l'un vaut l'autre. Dans sa forme concise, nous donnons la préférence au premier.

L'Académie qui cite le mot que nous avons employé : « *qui » veut la fin, veut les moyens* » a bien soin de dire : « *Il ne suffit » pas que la fin soit bonne, il faut aussi que les moyens soient » justes.* » Or, dans cette circonstance, non-seulement la fin n'est pas bonne, mais les moyens le sont encore moins. Il y a donc de la part de la feuille gasconne archipathos et double pataquès. Ce sont des qualités qu'on est habitué à trouver dans la *Gironde* et qui ont leur écho dans la feuille des Deux-Sèvres.

Comme le *Mémorial* va, sans aucun doute, reproduire cet article rédigé avec un esprit si sûr de lui, avec un jugement si net, un respect si complet des principes, nous nous réservons, dans notre prochain numéro, d'en discuter *la fin, selon nos moyens.*

Le Secrétaire de la rédaction : DUPUY.

(Extrait de la *Revue de l'Ouest* du 27 juin 1868).

UN DERNIER MOT A LA *REVUE*

La théorie de la *Revue de l'Ouest* sur l'inviolabilité du secret des circulaires préfectorales est bien amusante :

Ainsi, voilà un préfet qui, ayant expérimenté dans la Haute-Saône l'inanité et le danger des proclamations retentissantes, change de méthode dans les Deux-Sèvres et donne comme consigne à ses fonctionnaires d'agir désormais sans bruit contre le candidat indépendant. Ce préfet a voulu que le mystère enveloppât ses opérations ; s'il a eu la pensée d'organiser contre son adversaire discrètement, confidentiellement, un petit système de menées et d'attaques occultes, vis-à-vis desquelles toute défense est impossible, il aura gravement porté atteinte à la sincérité, à la loyauté, à l'honnêteté des élections, et nous comprenons alors qu'il se plaigne avec colère qu'on ait violé le secret de ses manœuvres.

Mais s'il a la conviction qu'il agit dans la mesure de son droit et de son devoir en coalisant les efforts des maires, instituteurs, agents-voyers et autres fonctionnaires contre le candidat indépendant, alors c'est ouvertement par une *circulaire* qu'il les conviera à ce nouveau devoir ; au point de vue du droit, de la loi, nous condamnerions ces agissements, mais tout au moins l'honnêteté, la loyauté vulgaires seraient sauvegardées, et la défense serait possible.

S'il faut en croire la *Revue de l'Ouest*, c'est le premier système que M. le préfet des Deux-Sèvres a voulu employer.

« Mieux vaudrait un sage ennemi. »

Mais dans l'une comme dans l'autre hypothèse, le droit que nous avions, le droit qu'avait tout esprit honnête de livrer à la publicité cette circulaire étrange, n'en reste pas moins tout entier.

Et d'abord il ne peut être nié qu'il s'agit bien d'une *circulaire*; MM. les instituteurs ont pris soin de le déclarer eux-mêmes quand ils nous demandent de leur faire connaître « *par quel moyen nous avons eu connaissance de la* CIRCULAIRE *que nous avons publiée.* » Eh bien! qu'est-ce qu'une circulaire? Nous ouvrons le dictionnaire et nous y lisons textuellement :

« LETTRE-CIRCULAIRE ou simplement CIRCULAIRE : Lettre, écrit destiné à circuler et à passer de main en main, pour donner connaissance d'un avis ou d'un fait. » — « La plus inepte de toutes les lettres est une lettre-circulaire (Mme NECKER.) »

Ainsi, M. le préfet a écrit une lettre-circulaire à vingt et quelques fonctionnaires, instituteurs et maires, lettre destinée à circuler, à passer de main en main, excepté (cela est clair) dans les mains profanes, et là est le mot de l'en-tête : « *Confidentielle et personnelle.* »

Mais cette précaution épistolaire suffit-elle pour imprimer à cet écrit un caractère vraiment confidentiel? Non, certes, car le seul fait de la part de M. le préfet d'avoir adressé ces recommandations et ces attaques à vingt et quelques agents dans le même esprit et les mêmes termes, constitue non plus un *échange*, une *communication confidentielle* de sa pensée, mais bien une *véritable distribution* d'un écrit intentionnellement blessant; la multiplicité de ces lettres détruit absolument le caractère confidentiel qu'on voudrait leur attribuer.

Pour en finir, nous affirmons, avec tous les honnêtes gens, que celui qui attaque un adversaire dans vingt lettres-circulaires, recherche et demande pour ses insinuations une publicité, mauvaise il est vrai, non le secret; que lorsque pour toute répression on lui inflige la loyale publicité de la presse, s'il murmure et s'irrite, c'est que sa conscience lui dit qu'il a fait une méchante action en élevant « *le dénigrement sans bruit* » à la hauteur d'une mesure administrative.

La *Revue de l'Ouest* et celui qui l'éclaire « *du flambeau divin de son intelligence* » sont trop variables dans leurs sympathies, aussi leurs alliés nouveaux doivent en prendre méfiance : hier, dans deux cantons différents, on offrait au choix des électeurs, et avec quels boniments ! deux hommes honorables pour tous, mais dont les sympathies pour les révérends Pères Jésuites sont si nettement accusées, qu'ils leur ont confié l'éducation de leurs enfants. Aujourd'hui, la *Revue de l'Ouest* ne croit pouvoir mieux nous injurier que de nous accuser d'être de l'école des révérends Pères Jésuites. En ce qui nous touche, l'imputation est niaise, mais c'est un des siens que blesse ce pavé maladroit; tous se disent ici que s'il y a dans Niort un homme en conformité complète de doctrines avec les révérends Pères Jésuites, c'est celui qui leur emprunte tout à la fois leurs partisans et leurs procédés.

Agissons sans bruit !... Piano... piano...

TH. MERCIER.

(Extrait du *Mémorial* du 30 juin 1868.)

ANNEXES

ÉLECTIONS GÉNÉRALES

— 1863 —

A MM. les Électeurs de la 2me Circonscription.

Messieurs et chers concitoyens,

Il y a quelques mois, un ancien collègue, un ancien ami de mon père, m'a fait l'honneur de proposer publiquement ma candidature. Je l'en remercie publiquement.

Aujourd'hui un assez grand nombre de personnes bienveillantes, modérées, honorables, se sont ralliées à cette candidature pour que je regarde comme un devoir de l'accepter et de solliciter vos suffrages, quelles que soient les chances de succès dans une lutte que nos lois et nos mœurs administratives font très-inégale.

Je ne vous ferai ni de longues, ni de grandes promesses. Assez d'autres vous en ont fait, qui les ont mal tenues. Vous seriez à bon droit devenus méfiants.

Je vous dirai seulement que j'aime et que j'ai déjà défendu la Liberté et l'Ordre.

La Liberté réglée par la loi est un des éléments nécessaires de l'Ordre. Elle n'a rien de commun avec la licence et l'anarchie.

Mes prétentions sont aussi modestes que mes promesses. J'ai accepté l'honneur de représenter un principe bien élémentaire, qui, cependant, a été contesté violemment, mais qui a déjà triomphé deux fois dans les Deux-Sèvres. C'est celui de L'INDÉPENDANCE DES CANDIDATURES, du droit des candidats de se présenter à vos suffrages en rivalité avec le candidat patronné par l'Administration, et du droit des électeurs *de préférer celui qui n'est pas patronné*, *par cela même qu'il ne l'est pas*, et qu'il entend relever uniquement de la confiance des électeurs laissés à leur libre choix.

Quelques amis, entraînés par leur bienveillance, avaient, paraît-il, songé à me demander comme candidat à l'Administration. Celle-ci n'aurait pas cru pouvoir exaucer leur vœu ; je les remercie également. L'honneur de la députation ne saurait avoir tout son prix, à mes yeux, que si je l'obtiens du libre suffrage de mes concitoyens, et sans la moindre recommandation officielle.

A cet égard, si je suis bien renseigné, je puis être désormais tout-à-fait rassuré. On ne m'a cependant pas encore fait l'honneur de combattre directement ma candidature. Le journal qui passe pour accueillir quelquefois les communications administratives a même été si discret, que les électeurs pourraient, grâce à sa publicité, ignorer encore le nom des candidats. Je ne m'en plains pas, et j'aime mieux me souvenir d'un temps très-éloigné où il accueillait volontiers mon éloge. Mes amis et mes adversaires pourront l'y chercher et le lui rappeler, s'ils s'en soucient.

Si vous me faites l'honneur de me choisir, je visiterai tous les ans chacune des communes de la circonscription. Ce ne sera pas pour moi une tâche difficile, mais une promenade agréable au milieu d'amis anciens et nouveaux, qui m'ont déjà si bien accueilli. Je viendrai m'enquérir avec sollicitude de vos sentiments et de vos besoins, pour représenter les uns plus exactement et pour mieux servir les autres en les connaissant mieux.

On sert mal et on calomnie le gouvernement de l'Empereur en osant menacer les communes qui ne voteraient pas pour le candidat de l'Administration. Ces vaines menaces s'adressent aux simples et aux crédules à la veille d'une élection.

Le lendemain, quel que soit l'élu, il a toute la force que vous lui avez communiquée, et le gouvernement, issu du suffrage universel, pourrait moins qu'un autre la méconnaître ou la dédaigner.

Je m'associerai aux vœux de tous et aux efforts, jusqu'à ce jour infructueux, de l'Empereur, de ses Ministres et des hommes spéciaux, pour contrôler avec une rigueur efficace les Dépenses Publiques. Aucun homme prudent ne peut vouloir ni souffrir qu'elles s'accroissent beaucoup plus rapidement que les Recettes, accrues elles-mêmes d'emprunts nombreux d'un chiffre élevé et d'impôts nouveaux.

Dans la limite de nos ressources, j'accepterai avec empressement toutes les mesures sagement combinées, qui auront pour but et pourront avoir pour résultat l'amélioration morale et matérielle de la condition du plus grand nombre de nos concitoyens.

Si ces sentiments sont les vôtres, Messieurs, et si vous désirez choisir parmi vous un homme que vous connaissiez, je me sentirai très-honoré de votre confiance et je remplirai loyalement et dans la mesure de mes forces, le difficile mandat que vous m'aurez donné.

Quoi qu'il arrive, je serai fier de vos suffrages, parce qu'ils sont indépendants et fiers.

Agréez, Messieurs, je vous prie, l'hommage des sentiments affectueux avec lesquels je suis votre concitoyen dévoué.

LOUIS TRIBERT.

Puyraveau, 9 mai 1863.

CONFÉRENCE AGRICOLE

DE CHAMPDENIERS.

M. le président de la Société d'Agriculture et M. Guillemot, professeur d'agriculture, sont montés sur une estrade d'où ils dominent toute l'assistance qui renplit l'immense salle d'un café où tient la conférence, le local de la maison d'école ayant été jugé insuffisant.

Les habitants de Champdeniers sont presque tous propriétaires de fermes assez étendues qu'ils exploitent par eux-mêmes, ou qui, situées non loin de la ville, sont par eux-mêmes visitées, de sorte que les uns comme les autres s'intéressent vivement aux progrès agricoles, soit parce qu'ils en retirent des bénéfices immédiats en les faisant valoir, soit qu'ils désirent voir améliorer le fonds de leur ferme, et parce qu'ils savent très bien qu'il n'est pas une amélioration culturale qui ne profite au propriétaire, tout en aidant à la prospérité du fermier.

Ils étaient donc tous venus là pour entendre les conseils qui allaient leur être donnés dans cette réunion par M. le professeur Guillemot.

M. le président de la Société d'Agriculture a ouvert la séance par une allocution où il a retracé les avantages des concours, les bienfaits déjà obtenus grâce à ces institutions et ceux qu'on est en droit d'en attendre dans l'avenir.

Il a fait appel à tout le monde, fermiers et propriétaires, afin qu'ils vinssent se grouper autour du noyau de la Société centrale d'Agriculture, qui compte, dans chaque canton de l'arrondissement, 20 ou 25 adhérents, et qui n'en a que 8 dans le canton de Champdeniers. — A cet à-propos, mon voisin me disait : Mais nous avons voulu avoir notre *autonomie agricole* dans le canton de Champdeniers, nous avons voulu former un comice indépendant du chef-lieu, et on ne nous y a pas autorisés. Saint-Maixent vit bien de sa vie propre, il a bien son comice; pourquoi n'aurions-nous pas le nôtre? En effet, et pourquoi? — M. Giraud, en annonçant que le comice de Niort tiendrait son concours dans la ville de Champdeniers, a remercié M. le maire et le conseil mnnicipal des généreuses dispositions qui doivent assurer un grand éclat à cette solennité agricole, et il a engagé, en termes chaleureux, tous les agriculteurs à ne pas manquer à cette réunion.

M. Guillemot a ensuite pris la parole sur l'emploi de la chaux, ce principe fertilisateur des terrains dépourvus d'éléments calcaires. Il a dit aux cultivateurs avec raison : mélangez votre chaux avec la terre, et après qu'elle sera éteinte par suite de l'absorption de l'eau qu'elle soutire à cette même terre ou qu'elle reçoit de l'atmosphère, et épandez ensuite. Vous reconnaîtrez surtout les terrains où la chaux devra faire merveille à la végétation quasi spontanée de certaines plantes, et notamment de la petite oscille sauvage. Les terrains placés sur les hauteurs et qui n'ont pas de pierres ou calcaires, les endroits où végètent les bruyères, tous ces sols sont amendés lorsqu'on leur ajoute de la chaux, qui est l'élément dont ils sont privés.

Le mode d'emploi de la chaux a donné lieu à quelques discussions entre les agriculteurs et le professeur qui, je crois, ont profité à tout le monde. M. le professenr, avec raison à notre avis, a rejeté d'une façon absolue le mélange de la chaux avec le fumier. Forcé de donner la raison scientifique de cette proscription, il a dit que la chaux, par son mélange avec le fumier, en faisait dégager l'ammoniac, qui est un de ses principes essentiels les plus fertilisateurs.

Un agriculteur très-habile a dit s'être très-bien trouvé, au contraire, du mélange de la chaux avec le fumier. Ceci renversait la proposition émise par M. Guillemot. Je crois, si j'ai bien compris, que l'honorable membre a dit qu'il mélangeait la chaux avec les détritus de plantes, avec le produit des nettoyages des cours, avec les fumiers ou crottins ramassés dans les pacages, et que c'était ce premier mélange qui était ensuite ajouté au fumier. Il est évident que, s'il en est ainsi, la chaux est déjà combinée avec ces différentes substances, et que lorsqu'elle est mise en contact avec le fumier elle n'exerce plus sur lui la même action que lorsqu'elle est pure. La dissidence m'a donc paru résulter d'un malentendu. Nous croyons, en effet, qu'ici la pratique vient confirmer la théorie, et que pour obtenir de la chaux et du fumier tout ce qu'on peut en attendre, il faut mélanger la chaux avec le sol, soit d'une manière soit d'une autre, et ensuite fumer avec les engrais de la ferme.

Il avait été parlé de chaux grise, brune ou jaune, et un membre a demandé si l'efficacité de ces diverses variétés était bien la même. Il a été répondu par M. le professeur et par un très-intelligent fermier, qui fait depuis trente ans usage de la chaux, que la chaux pure était blanche, que toutes les autres étaient alliées avec des substances étrangères, oxides de fer, ou de manganèse, auxquelles elle devait sa coloration, et qui n'ajoutaient rien à ses qualités. De sorte qu'il faut toujours préférer la chaux blanche, qui est produite par la véritable pierre calcaire, formée de chaux et d'acide carbonique. Ce dernier étant dégagé par la combustion, il ne reste plus que la chaux avec la couleur et les caractères physiques qui lui sont particuliers.

M. le professeur Guillemot a ensuite abordé une question délicate, difficile à résoudre dans les termes généraux où il l'a posée. Il a dit : on doit donner le fourrage vert ou racines au commencement du repas des animaux, au lieu de le réserver pour la fin ; parce que, a-t-il dit, l'animal qui se gorge de foin est altéré. Si on le mène à l'abreuvoir, il prend beaucoup d'eau, et ensuite si vous lui servez des substances très-aqueuses, betteraves, ou autres légumes, vous lui faites absorber une quantité d'eau surabondante qui le gêne pour le travail, qui le noye en quelque sorte ; et il a même poussé assez loin le raisonnement pour considérer cet état, dont il a un peu chargé le tableau, comme étant presque une condition morbide.

La solution d'une pareille question, pour laquelle M. le professeur est à peu près resté seul de son avis, comporterait une étude plus longuement méditée qu'on ne peut le faire dans un article de journal écrit au courant de la plume.

Cependant disons qu'il eût bien fait de distinguer les animaux de la ferme en deux groupes, les bœufs et les chevaux, c'est-à-dire ceux qui ont quatre estomacs et ceux qui n'en ont qu'un. Il comprendra quelle est la haute portée de cette distinction entre animaux chez lesquels les conditions des fonctions digestives ne se ressemblent que par des aliments qui nourrissent aussi bien les uns que les autres. Il aurait dû aussi, ce nous semble, diviser ces animaux de l'une ou l'autre espèce en deux autres groupes, ceux de travail et ceux destinés à l'engraissement.

Car, en admettant pour vrai le principe hygiénique qu'il a posé, il ne pourrait, dans tous les cas, s'appliquer qu'aux animaux de travail, tous les autres ayant le plus grand intérêt à ingurgiter la plus grande quantité d'eau possible, l'eau étant le principe qui facilite et qui pousse l'engraissement avec le plus de rapidité. Des expériences de tous les jours chez les nourrisseurs prouvent cette assertion, qui a tant fait recommander l'usage du sel marin qui excite les animaux à boire tout en agissant comme condiment. Récemment même, des physiologistes ont prouvé qu'on pouvait engraisser en buvant une très-grande quantité d'eau, bien que la nourriture sèche fût par elle-même très-peu substantielle ; de même qu'on réduisait un animal à l'état de squelette en lui diminuant chaque jour la quantité de ses boissons.

Certainement que si on veut obtenir d'un cheval, par exemple, une grande vitesse d'allures, il sera prudent, par tous les moyens possibles, de diminuer la quantité d'eau qu'il doit prendre. Mais en est-il bien ainsi du bœuf ? nous ne le pensons pas.

Le bœuf qui mange d'abord le foin dont on garnit son ratelier, qui ensuite va boire à l'abreuvoir assez d'eau pour étancher sa soif, et qui, de retour à l'étable, mange sa *pannerée* de betteraves, n'en n'est pas plus incommodé que l'homme qui mange une pomme ou une poire après avoir bu pendant son dîner.

L'eau que boit le bœuf ne se rend pas toute, tant s'en faut, dans l'estomac où vont se loger les aliments secs ; ceux-ci ne rencontreront l'eau ingurgitée qu'après avoir été soumis à l'action des dents pendant la rumination, et qu'ils auront franchi le premier estomac sans s'y arrêter. L'eau se rend directement où son action est utile, c'est-à-dire au foyer de la digestion proprement dite, au dernier estomac et dans les intestins ; de même que les betteraves, formant le dessert des bœufs, s'arrêtent comme les fourrages dans le grand réservoir où sont accumulés les aliments solides.

En raison même de cette condition, ils portent dans la panse des principes aqueux qui n'y arriveraient pas sans elle, et contribuent ainsi efficacement à aider à ce travail préparatoire de la digestion.

De sorte que, et pour résumer, nous croyons qu'on peut, sans inconvénient, continuer les errements des éleveurs qui donnent le foin sec d'abord, qui forme un bon fond et qui excite le bœuf à boire, car nous désirons que le bœuf boive beaucoup, parce qu'il est toujours, tôt ou tard, destiné à l'engraissement.

M. le professeur a ensuite repris le sujet qu'il avait traité à la conférence de Niort, concernant les engrais et l'aménagement des fumiers. Il a dû parler sur la culture du chou, mais nous avons dû quitter la séance avant la fin.

E. AYRAULT.

(Extrait du *Mémorial* du 16 avril 1868.)

Nous avons dit à la page 9 de ce recueil :

Le Corps législatif a écarté, à la majorité de huit bureaux sur neuf, la demande d'interpellations, présentée par M. Eugène Pelletan, au sujet du tableau des circonscriptions électorales inséré au *Moniteur* du 31 décembre 1867, et qui modifie les circonscriptions électorales de 25 départements.

La discussion d'une question si importante pouvait bien être ajournée, mais non supprimée.

Elle a été reprise par le Corps législatif avant la fin de la session, à l'occasion du budget.

Depuis, elle a recommencé avec vigueur et avec éclat dans quelques-uns des départements dont les circonscriptions électorales ont été modifiées, dans la Gironde et les Bouches-du-Rhône.

Pour aider à l'étude et à l'intelligence de la question, nous plaçons sous les yeux de nos lecteurs :

1° Le débat du Corps législatif ;

2° La délibération du conseil municipal de Bordeaux ;

3° La proposition faite au conseil général des Bouches-du-Rhône.

CORPS LÉGISLATIF

Séance du Mardi 14 Juillet 1868.

PRÉSIDENCE DE SON EXCELLENCE M. SCHNEIDER.

....

M. le Président Schneider. M. Pelletan a une observation à présenter sur une autre question. Il a la parole.

M. Eugène Pelletan, *de sa place*. J'ai une autre question... (Interruption.)

Un membre. Assez ! assez !

M. EUGÈNE PELLETAN. Si l'honorable interrupteur est pressé d'en finir avec la discussion du budget, je crois que la Chambre ne partagera pas son impatience.

J'ai une question à poser au Gouvernement, et quand je l'aurai posée, je crois que mon honorable interrupteur trouvera que cette question est opportune. Dans une discussion qui a eu lieu au commencement de cette session... (Bruit.) J'ai à peine dit un mot, et je suis interrompu par l'honorable M. Mathieu...

M. MATHIEU. Vous êtes dans l'erreur, je n'ai pas interrompu.

M. LE PRÉSIDENT SCHNEIDER, *à M. Pelletan.* Si vous vouliez bien parler sans vous interrompre vous-même, je crois qu'on vous écouterait. Ne faites pas de temps d'arrêt et poursuivez votre idée. (Très-bien !)

M. EUGÈNE PELLETAN, *à la tribune.* En face des interruptions qui partent de tous les côtés, je demande la permission de monter à la tribune. (Mouvements divers.)

M. le ministre de l'intérieur nous disait tout à l'heure que toutes les précautions avaient été prises pour que tous les électeurs fussent inscrits en temps opportun. Qu'il me permette de lui dire que les faits répondent péremptoirement par une dénégation, au moins pour la ville de Paris.

La ville de Paris ou plutôt le département de la Seine, depuis dix années, a augmenté de 600,000 habitants,

M. PAUL BETHMONT. De nomades.

M. EUGÈNE PELLETAN. Non, ce ne sont pas des nomades ; on ne recense pas les nomades, on ne recense que les citoyens domiciliés.

Aujourd'hui, dis-je, le département de la Seine s'est accru de 600,000 habitants, et, en vertu d'un article de la Constitution qui dit que le nombre des députés sera en raison de la population...

Un membre. En raison des électeurs.

M. EUGÈNE PELLETAN. Je vous demande pardon ; vous ne

connaissez pas votre Constitution. (On rit.) Je viens de la lire, et je vous affirme que c'est en raison de la population. (Mais non !)

On a ajouté qu'il y aurait un député par 35,000 électeurs (Ah ! ah !), et voilà pourquoi on n'inscrit pas les électeurs. (Bruit.)

Oui, la ville de Paris a augmenté de 600,000 habitants recensés, de véritables habitants : le nombre des députés a diminué en raison de l'augmentation de la population. Je sais bien que M. le préfet de la Seine a le don des miracles et qu'après avoir refait Paris il refait l'arithmétique : il prouverait à M. Pouyer-Quertier lui-même que 2 et 2 font 3, et il nous a dit qu'on n'avait exclu des listes électorales que les nomades de Paris.

Or, les habitants nomades de Paris ne sont jamais recensés, c'est là l'erreur de M. le préfet de la Seine et son argument tombe de lui-même devant la réalité.

Mais il y a une autre question, que je demande la permission d'aborder en passant : au commencement de cette session on a traité la question des circonscriptions électorales, et M. le commissaire du Gouvernement, qui était, je crois, M. de Saint-Paul ou M. de Bosredon, répondant à l'honorable M. Jules Simon, a déclaré qu'on ne changerait les circonscriptions électorales qu'autant que le nombre des électeurs viendrait à augmenter ou bien à diminuer. Eh bien, le nombre des électeurs inscrits n'a pas varié à Paris depuis 1863, et on a bouleversé les circonscriptions électorales. (Interruptions.) Ah ! toutes sans exception ; vous ne pouvez pas désavouer votre œuvre de remaniement.

Je puis dire que, pour ma part, vous avez modifié considérablement la circonscription qui a bien voulu me confier le mandat de député ; vous ne me renvoyez pas devant mes commettants aux prochaines élections, vous me renvoyez devant d'autres électeurs. Peine perdue, permettez-moi de vous le dire d'avance. (Exclamations.) Vous avez beau battre les cartes, à

Paris vous ne gagnerez pas la partie. (Nouvelles exclamations.)

Un membre. Vous n'en savez rien.

M. Eugène Pelletan. Tâchez de vous en consoler dès aujourd'hui. Il n'en est pas moins vrai que vous avez remanié toutes les circonscriptions électorales de Paris dans l'espérance de faire passer quelques-uns de vos candidats, en allant chercher à droite ou à gauche des électeurs plus complaisants. (Bruit.) Et ce que vous avez fait à Paris, vous l'avez fait sur toute l'étendue du territoire. Partout où vous avez pensé qu'un candidat de l'opposition pouvait remporter la victoire au scrutin, vous avez modifié la circonscription électorale.

Là où vous craigniez de voir passer par le morcellement d'une ville en plusieurs colléges deux ou trois candidats de l'opposition, vous avez transformé cette ville en une seule circonscription électorale. C'est ce que vous avez fait pour la ville de Saint-Etienne, et j'en félicite mon honorable collège M. Dorian qui siége sur les bancs de l'opposition ; c'est ce que vous avez fait aussi pour la ville de Mulhouse : vous saviez que cette ville avait donné au candidat de l'opposition à peu près la même majorité qu'à Paris. Alors, qu'avez-vous imaginé ? circonscription unique de cette grande cité qui appartenait auparavant à deux des trois circonscriptions.

Vous en avez détaché la campagne ; si nous n'écoutions que nos intérêts d'opinion, nous ne pourrions que vous en remercier ; car aux prochaines élections la ville de Mulhouse enverra un député opposant de plus au Corps législatif. (Exclamations diverses !)

C'est encore ce que vous avez fait à Bordeaux ? La ville de Bordeaux formait une seule circonscription électorale ; vous saviez que le candidat de l'opposition, M. Lavertujon, n'avait été distancé que de quelques voix par son concurrent ; alors vous avez éparpillé la ville de Bordeaux entre trois circonscriptions électorales, pour empêcher un candidat de l'opposition d'arriver dans cette assemblée.

Dans l'Isère, qu'avez-vous fait encore? (Interruption!)

Oh! permettez : l'Isère nous a envoyé dernièrement une précieuse recrue. Vous n'aviez pas cru qu'un candidat indépendant pût y obtenir la majorité, il l'a obtenue cependant; vous avez bouleversé toutes les circonscriptions de l'Isère, et c'est ainsi que le Gouvernement a tenu la parole qu'il nous avait donnée à cette tribune, de ne jamais modifier les circonscriptions électorales.

M. DE SAINT-PAUL, *commissaire du Gouvernement*. Comment? jamais!

M. EUGÈNE PELLETAN. Ah! Je vous remettrai vos propres paroles sous les yeux; et quand bien même vous ne l'auriez pas promis, vous devriez le promettre (On rit), car peut-on comprendre dans la main d'un Gouvernement, ce pouvoir exorbitant de changer sans cesse les colléges électoraux, de façon que les députés ne sachent jamais quels sont les électeurs qu'ils représentent ou qu'ils représenteront. De toutes les manœuvres électorales c'est la plus déplorable, et vous n'auriez jamais porté d'atteinte plus sérieuse au suffrage universel. (Marques d'approbation sur les bancs à la gauche de l'orateur. — Réclamations sur d'autres bancs).

M. ERNEST PICARD. C'est une question de probité! Vives rumeurs sur un grand nombre de bancs.)

M. LE PRÉSIDENT SCHNEIDER. Monsieur Picard, vous avez pris, depuis un certain temps, une habitude contre laquelle il est impossible de ne pas protester. Cette habitude, qui consiste à attaquer les intentions et à incriminer sans cesse les pensées, me paraît à la fois extrêmement dangereuse et d'un regrettable caractère. (C'est vrai! — Très-bien! très-bien!)

M. ERNEST PICARD. Je n'accepte pas du tout, monsieur le Président, les paroles que vous venez de m'adresser. Vous n'avez qu'un droit, c'est de me rappeler à l'ordre si je l'ai mérité; mais ni vous, ni personne ne m'empêcherez de qualifier, comme je viens de le faire ce qui se passe pour les circonscriptions électorales de Paris. (Réclamations diverses.)

M. LE PRÉSIDENT SCHNEIDER. Qualifiez-les, soit ! mais je demande que ce soit dans des termes acceptables pour tout le monde.

M. ERNEST PICARD. J'ai dit que le remaniement des circonscriptions électorales était une question de probité, et je le répète.

M. GARNIER-PAGÈS, *au milieu du bruit.* Les circonscriptions électorales sont fraudées à Paris : voilà la vérité.

M. LE PRÉSIDENT SCHNEIDER. Permettez ! Il importe, pour la dignité de nos débats et pour la considération de la Chambre elle-même, de ne pas suspecter incessamment et de ne pas qualifier par des mots blessants les intentions et les pensées. C'est dans ce sens que je maintiens et que je vous réitère mon observation.

M. GLAIS-BIZOIN. Quand les intentions et les pensées ne sont pas loyales, elles doivent être caractérisées.

M. GARNIER-PAGÈS, *avec vivacité.* Nous n'accepterons jamais comme des actes de loyauté les fraudes qui se commettent pour les radiations sur les listes électorales.

M. LE PRÉSIDENT SCHNEIDER. Monsieur Garnier-Pagès, veuillez-vous calmer. (Approbation). C'est tout ce que je veux vous dire.

La parole est à M. le ministre de l'intérieur.

M. LE MINISTRE DE L'INTÉRIEUR. Messieurs, quand les causes se discutent au point de vue de la probité et de la loyauté, le Gouvernement ne recule jamais sur un semblable terrain...

M. GRANIER DE CASSAGNAC. Ni sur aucun autre.

M. LE MINISTRE DE L'INTÉRIEUR.... et il croit les gagner. (Très-bien ! très-bien !)

L'honorable M. Pelletan a parlé à la fois des inscriptions sur les listes électorales et des circonscriptions, il y a là deux questions profondément distinctes.

La question des inscriptions électorales, il l'a soulevée à propos de Paris ; il a semblé dire que nous avions, à Paris, diminué le nombre des députés en diminuant le nombre des électeurs.

Eh bien ! voici le fait ; vous allez le juger.

En 1863, Paris nommait neuf députés ; aux prochaines élections, il nommera également neuf députés.

M. Jules Favre. En 1859, il en nommait dix !

M. le ministre. Pourquoi le nombre des députés n'a-t-il pas été augmenté, pourquoi Paris a-t-il encore neuf députés aujourd'hui, comme il en avait neuf en 1863 ? Parce que nous sommes restés dans les termes de la Constitution et dans la ligne que nous traçait la loi.

Ainsi qu'on le disait tout à l'heure, le nombre des députés se détermine par le nombre des électeurs.

M. Eugène Pelletan. Non, il se détermine sur le chiffre de la population.

M. le ministre. Je lis la Constitution, elle est ainsi conçue :

« L'élection a pour base la population. »

Quelques membres à gauche. Ah ! ah ! — Vous voyez bien ! — C'est clair !

Autres membres. Attendez donc ! — Ecoutez la suite !

M. Garnier-Pagès. La Constitution ne dit pas : « la population inscrite ! »

M. le ministre. Vous avez beau m'interrompre, je garderai le même calme et je traduirai mon idée jusqu'au bout. (Très-bien !)

Je reprends et je dis : « L'élection a pour base la population. » Comment compte-t-on la population ? Par le chiffre des électeurs. Voici, en effet, ce que je lis dans le sénatus-consulte du 27 mai 1857 : « Il y aura un député au Corps législatif à raison de 35,000 électeurs. » Puis le même sénatus-consulte ajoute : « Néanmoins il est attribué un député de plus à chacun des départements dans lesquels le nombre excédant des électeurs dépasse 17,500. » Eh bien, si Paris avait compté cette fraction de 17,500 électeurs de plus, Paris aurait eu son dixième député.

Maintenant, qui touche à la liste électorale? La Chambre sait bien que ce n'est pas nous qui excluons des listes électorales. Procédons-nous au contraire par voie d'inscriptions? La Chambre sait bien encore que ces inscriptions dépendent de l'initiative des électeurs et de celle de certains magistrats investis à cet égard d'un mandat légal; si, sur ce point, la moindre irrégularité se passait, elle serait immédiatement relevée ici et ailleurs. ! C'est vrai ! c'est vrai !)

J'expliquais tout à l'heure, à l'occasion de l'amendement relatif au registre permanent, comment les choses se passent; j'indiquais les garanties assurées à l'initiative individuelle de chaque électeur; j'indiquais cette triple garantie de la commission municipale statuant sur les réclamations, du juge de paix statuant sur les décisions de la commission, de la cour de cassation statuant sur les décisions du juge de paix.

Oui, tout est prévu, tout est calculé pour que tout le temps nécessaire, que toute la liberté voulue soit laissée à l'élection, pour que l'inscription soit régulière, pour qu'elle soit facile.

Non, la radiation ne dépend pas de nous; non, l'inscription ne dépend pas de nous.

Dès lors, comment peut-on dire que le Gouvernement est maître de la question de savoir s'il y aura 9 ou 10 députés à Paris? Non ! ce sont les électeurs qui en sont les maîtres, et quant au Gouvernement, il ne peut ni aller les chercher, ni les prendre par la main, ni les forcer à se faire inscrire. (Très-bien ! très-bien !)

Voilà la vérité. Parlons moins de loyauté et de probité; mais, puisqu'on s'est servi de ces mots contre nous, j'ai le droit de répondre que, pour qui veut examiner cette question des inscriptions électorales, la conduite et l'attitude du Gouvernement sont inattaquables.

Maintenant j'arrive à la seconde question, à la question des circonscriptions électorales. On a dit un mot de Paris et un mot des départements.

A Paris, qu'avons-nous fait?

Les arrondissements intérieurs de Paris n'ont pas une grande autonomie, ils ne représentent pas des unités distinctes et compactes séparées des autres unités comme des arrondissements de province, mais il y a deux arrondissements extérieurs, les arrondissements de Sceaux et de Saint-Denis, qui eux, au contraire, ont une autonomie plus tranchée. Conformément à ce qui a été souvent affirmé ici, par un principe d'équité, nous avons, dans le décret du 28 décembre 1867, rendu à ces deux arrondissements l'autonomie qu'ils n'avaient pas d'après le décret de 1862. Voilà le point de départ, et ce remaniement régulier a nécessité, ne fut-ce que pour équilibrer le nombre des électeurs, quelques changements dans certaines circonscriptions de l'intérieur de Paris.

J'arrive à la même question en ce qui concerne la province.

En 1864, l'honorable M. Jules Simon avait traité cette question. En 1866, elle s'était posée de nouveau au Sénat par voie de pétition.

Quels reproches faisait-on au décret de 1862, qui avait tracé les circonscriptions pour les élections de 1863? On lui en faisait quatre. Il détruisait, disait-on, l'autonomie de nombreux arrondissements; il détruisait, disait-on, l'autonomie des chefs-lieux, en ce sens qu'il avait pris certaines parties des villes pour les noyer avec les campagnes; il créait, ajoutait-on, des enclaves, en ce sens qu'une circonscription était divisée ou coupée quelquefois par certaines parcelles appartenant à une autre circonscription. Enfin, le décret de 1862 avait eu le tort, ajoutait-on encore, de changer sans motif grave les circonscriptions anciennes de 1857 ; bonnes ou mal faites, disait-on, il est préférable de les laisser subsister toutes les fois qu'il n'y a pas de sérieux griefs, parce qu'alors on a l'avantage de renvoyer le député devant les mêmes électeurs, c'est-à-dire devant les mêmes juges.

Quand nous avons dû nous occuper de ce long et difficile travail, quand nous avons dû préparer les éléments de ce décret que la législation nous impose tous les cinq ans, notre premier soin a été d'étudier les attaques dont le décret de 1862 avait été l'objet. Je pourrais montrer que ces attaques avaient été singulièrement exagérées. Mais enfin, on peut, on doit tenir compte des critiques, quand il y a possibilité de faire mieux. C'est ce que nous avons voulu faire, et en examinant ce travail dans son ensemble, dans ses lignes générales, on se convaincra combien nous avons cherché à répondre aux réclamations qui nous ont paru légitimes. Voyons donc l'ensemble du travail.

Il y a trois départements qui n'ont qu'un député à élire ; là pas de changements possibles ; le département à lui seul est une circonscription.

Il y a cinquante-deux autres départements dans lesquels nous n'avons encore opéré aucun changement. Sans doute dans ces cinquante-deux départements certaines circonscriptions peuvent être critiquées, mais quand nous avons été au fond des choses, quand nous avons voulu savoir si les réclamations de 1863 persistaient, les griefs s'étaient sensiblement atténués ou avaient disparu.

A mesure, en effet, que la circulation s'augmente, que les relations commerciales se développent, souvent les cantons perdent leur affinité avec certains cantons pour se retrouver avec d'autres : les arrondissements ne vivent plus isolés, mais se confondent. Aussi, quand les renseignements ont été pris sur certaines plaintes de date déjà ancienne, on a souvent répondu : Ne touchez pas à ces circonscriptions, depuis cinq ans les populations les ont acceptées.

Nous nous sommes alors rappelé ce principe dont l'opposition a parlé si souvent, qui a du vrai, qui est juste dans beaucoup de cas, ce principe qui consiste à dire : laissons à chacun sa circonscription, laissons les choses en l'état; au moins le député sortant retrouvera les mêmes électeurs, les mêmes juges, les mêmes personnes qui lui ont donné son mandat. Voilà, messieurs, ce que nous avons fait pour les cinquante-deux départements dont je parle.

Après ces trois départements, qui ne nomment chacun qu'un député, après ces cinquante-deux départements pour lesquels l'équité et la convenance nous ont dit de ne rien changer, arrivent neuf départements où le changement devient nécessaire.

Pourquoi est-il nécessaire? Parce que ces neuf départements auront un député de plus à élire (Interruption à la gauche de M. le président). Messieurs, laissez-moi achever, si la réfutation de mes paroles doit être faite, elle sera plus facile quand vous m'aurez compris.

Ce fait seul d'un député de plus à nommer nécessite, non pas un changement dans une circonscription, mais un changement dans plusieurs; il faut bien équilibrer le chiffre de la population entre chaque circonscription. Faire une troisième circonscription dans un département qui n'en avait que deux, c'est évidemment toucher aux deux autres.

Mais, remarquez-le, nous avons précisément profité de cette nécessité du changement qu'entraînait la création d'une circonscription nouvelle, pour rétablir l'autonomie de quatre arrondissements.

Ainsi, dans le Cher qui ne nommait que deux députés, qui en nommera trois, et qui a trois arrondissements, nous avons dit : Un député pour Bourges, un député pour Saint-Amand, un député pour Sancerre.

Dans l'Hérault qui nomme aussi un député de plus, l'arrondissement de Saint-Pont recouvre son autonomie.

Nous profitons ainsi de la nécessité du changement pour faire droit à une des réclamations qui a été le plus souvent formulée : l'autonomie des arrondissements.

C'est dans ces neuf départements que se trouvent l'Isère et la Gironde dont vous venez de parler. Ils ont l'un et l'autre un député nouveau qui nécessitait le changement des circonscriptions.

Quant à Bordeaux, cette grande cité de la Gironde, pourquoi l'avoir divisée, dit-on ? Moi je dirais : Comment pouvait-on faire si on ne la divisait pas ? L'arrondissement de Bordeaux compte, à lui seul, 94,000 électeurs, et il fallait, dès lors, qu'il appartînt non pas à une, non pas à deux, mais à plusieurs circonscriptions.

Ainsi, voilà trois départements qui forment chacun une circonscription. Voilà 52 départements où nous ne changeons rien ; voilà neuf départements où nous introduisons nécessairement des changements à raison d'une nouvelle circonscription qu'il faut faire pour un député de plus. Il ne reste plus dès-lors que 25 départements.

Dans ces vingt-cinq départements, des changements ont été opérés dans les neuf départements précédents, mais en opérant ces changements, nous nous mettons encore tellement en face des réclamations légitimes, que nous faisons droit à un assez grand nombre d'entre elles.

Ainsi, nous restituons leur autonomie à onze arrondissements. Ces arrondissements, qui avaient été morcelés et auxquels nous rendons leur intégrité, sont : Falaise, dans le Calvados ; Bastia, dans la Corse ; Pontarlier, dans le Doubs ; Metz, dans la Moselle ; Compiègne, dans l'Oise ; Dinan, dans les Côtes-du-Nord ; Saint-Omer, dans le Pas-de-Calais ; Montdidier, Péronne, dans la Somme ; Limoges, dans la Haute-Vienne ; Fontenay, dans la Vendée.

Nous restituons aussi leur intégrité à des chefs-lieux de département, qu'on reprochait en 1863 d'avoir été divisés uniquement pour les paralyser au milieu de la population rurale.

Cette restitution s'opère pour Lyon, pour Saint-Etienne, pour Tours ; les chefs-lieux ont été agglomérés et rendus à leur unité. Qu'on ne nous dise donc pas que nous morcelons à plaisir les groupes qui sont unis par des habitudes ou des intérêts communs !

Voilà les changements essentiels, normaux, équitables, qui justifient le travail accompli dans cette quatrième catégorie des 25 départements.

Ces explications d'ensemble suffiront, je l'espère, à la Chambre pour indiquer dans quel sentiment et avec quel pensée d'équité nous avons abordé et accompli ce long travail des circonscriptions électorales. (Marques nombreuses d'approbation.)

M. Glais-Bizoin. Vous faites ces changements partout où vous craignez les candidats de l'opposition.

M. Latour du Moulin. Je prie M. le ministre de l'intérieur de vouloir bien me dire pourquoi il a retranché de ma circonscription électorale le canton de Mortau que je représente au Conseil général ? (Exclamations et réclamations).

M. Ernest Picard. C'est la question.

M. Latour du Moulin. Messieurs, je représente au Conseil général un canton qui se trouvait dans ma circonscription en 1853, 1857 et 1863 ; je ne sache pas qu'il y ait dans le Doubs un député de plus à nommer.

Mais ce qui est certain, c'est que mon honorable collègue, M. le marquis de Conegliano, avait beaucoup plus d'électeurs que moi, et cependant on m'a enlevé le canton où j'ai mes intérêts, et on l'a donné à M. de Conegliano, qui aura ainsi plus d'électeurs encore qu'il n'en avait autrefois.

Je demande, je le répète, à M. le ministre de l'intérieur pourquoi il a changé ce qu'avaient fait ses prédécesseurs qui n'étaient certainement pas sans intelligence politique, et pourquoi le canton de Mortau a été séparé de son arrondissement. (Aux voix ! aux voix !)

M. GLAIS-BIZOIN. J'aurais la même question à faire à M. le ministre de l'intérieur, mais je m'en garderai bien.

M. LE MINISTRE DE L'INTÉRIEUR. Le canton de Mortau, dont parle l'honorable M. Latour du Moulin, avait été séparé de son arrondissement; il lui a été restitué.

M. LATOUR DU MOULIN. Il a été trois fois de suite séparé; vous me l'avez enlevé. Cela prouve évidemment que vous avez plus d'esprit que vos prédécesseurs.

M. ERNEST PICARD. Tout à l'heure l'honorable ministre nous provoquait à répondre... (Bruit.)

Je ne vous entretiendrai pas longtemps de la question, messieurs; elle a été traitée à une autre session, et si l'honorable ministre de l'intérieur avait assisté à nos discussions d'alors, il aurait vu que nous n'avons pas laissé passer sans réclamation et sans protestation les singuliers changements qui ont été apportés aux circonscriptions.

Mais, en vérité, messieurs, nous sommes ici à une école de patience...

Sur plusieurs bancs. Ah! oui! oui! — Vous parlez pour nous.

M. ERNEST PICARD. Pour vous, messieurs, et pour nous.

M. LE PRÉSIDENT SCHNEIDER. Je prends texte des dernières expressions de l'honorable M. Picard pour vous demander instamment, messieurs, que, quand une question a déjà été plusieurs fois débattue devant la Chambre, si elle est de nouveau soulevée, elle ne le soit pas avec de longs développements. (Approbation.)

M. ERNEST PICARD. La question a été plusieurs fois soulevée, mais comme la difficulté n'a pas été tranchée, il y a lieu d'y revenir. Je suis très-disposé à me rendre aux conseils de l'honorable président; nous ne tenons pas plus qu'aucun membre de cette Chambre à prolonger la fatigue de ces débats. Seulement quand j'entends l'honorable ministre de l'intérieur nous dire qu'il a expliqué avec simplicité quelles ont été les raisons du Gouvernement; que le Gouvernement a voulu que les députés se représentassent devant les mêmes électeurs, et que quand il n'y a pas eu de changement dans le nombre des députés, il n'y a rien eu de changé dans les circonscriptions; quand, dis-je, j'entends M. le ministre parler ainsi, moi qui suis là, si je pouvais ignorer ce qui s'est passé, j'en prendrais mon parti, et je ne dirais rien; mais j'ai été nommé dans un arrondissement, dans le faubourg du Temple, et on me fait venir à la Madeleine! je ne peux pas l'ignorer. (Exclamations et rires.)

M. LE MINISTRE D'ETAT. A la Madeleine! c'est pour vous amener au repentir. (Rires.)

M. ERNEST PICARD. Je ne puis pas, non plus, m'arrêter aux explications que donne M. le ministre de l'intérieur, quand il dit que c'est uniquement à cause de la configuration des circonscriptions et pour égaliser le nombre des électeurs qu'on me retranche un arrondissement tout entier, le troisième. (Bruit.)

Franchement, il y a des choses qu'on ne peut discuter. Sauvons au moins le bon sens et l'esprit français.

Vous voulez jouer avec les circonscriptions; mais tous vos changements ont un nom propre aux yeux de tout le monde, par conséquent vous ne convaincrez personne. Dites-le franchement, tout cela c'est pour vous un moyen électoral. Je n'en dirai pas davantage, et je persiste à ne pas le trouver parfaitement loyal. (Rumeurs.)

M. LE MINISTRE DE L'INTÉRIEUR. C'est une erreur. Il n'y a qu'à consulter la carte électorale pour voir que le point de départ du travail est de rendre aux deux arrondissements de Sceaux et de Saint-Denis leur unité et leur homogénéité; ils forment chacun une circonscription compacte qu'aucune enclave ne divise; chacun nomme son député.

Ce point de départ admis, il fallait bien retoucher à quelques circonscriptions de l'intérieur de Paris; les changements faits pour Sceaux et pour Saint-Denis nous y obligeaient.

L'essentiel, c'est que le chiffre de la population s'égalise dans une certaine mesure, entre les neuf circonscriptions.

M. Marie. Il faut qu'on sache bien que personne n'en est dupe.

M. le Président Schneider. Je mets aux voix la prise en considération de l'amendement.

(La Chambre, consultée, ne prend pas l'amendement en considération.)

. . . .

(Extrait du *Moniteur* du 15 juillet 1868.)

CIRCONSCRIPTIONS ÉLECTORALES

CONSEIL MUNICIPAL DE BORDEAUX.

Voici, d'après la *Gironde*, le compte-rendu de la séance du Conseil municipal dans laquelle on s'est occupé des circonscriptions électorales :

1° M. Paulet fait remarquer que le Conseil municipal peut réclamer, exprimer son vœu sur tous les objets d'intérêt local ; que la loi est absolue sur ce point, qu'elle ne fait aucune exception ; que la division actuelle de la commune de Bordeaux en circonscriptions électorales composées d'électeurs de la ville et des communes placées à l'extrémité du département, est la plus importante de toutes les questions d'intérêt local ; que le conseil peut présenter des observations sur cet objet ; que cette division augmente les difficultés et les frais des élections ; qu'elle équivaut à un impôt ; qu'elle est nuisible à la libre manifestation de l'opinion publique dans les élections ; qu'elle a été faite dans un but d'intérêt particulier et qu'elle constitue une atteinte regrettable au suffrage universel ; — il demande que la mesure en vertu de laquelle la commune de Bordeaux a été divisée en trois circonscriptions électorales ne soit pas maintenue, et que la commune de Bordeaux ait, conformément à la Constitution, un député au Corps législatif, à raison de 35,000 électeurs, sans adjonction d'électeurs ruraux.

-M. Delprat reconnait que la question est délicate. Elle touche à la politique, on ne peut le nier ; mais elle a aussi un caractère essentiellement municipal, et c'est à ce point de vue qu'il est convenable de l'étudier.

Aux termes de la Constitution, il doit y avoir un député au Corps législatif à raison de 35,000 électeurs. Le décret organique du 21 février 1852 attribue au pouvoir exécutif le droit de diviser chaque département en circonscriptions électorales égales en nombre aux députés qui lui sont attribués par le tableau annexé à la loi. Il ne peut y avoir de difficulté à cet égard, et le pouvoir exécutif, en établissant les circonscriptions électorales, a exercé une prérogative qui lui appartient.

Mais dans l'exécution de ce travail considérable, ne peut-il pas s'être glissé quelque erreur? Le pouvoir exécutif n'est pas infaillible. Il est responsable, et à ce titre il doit avant tout avoir le désir de bien faire. Si donc une erreur s'est produite dans l'œuvre des circonscriptions, c'est un devoir de la signaler à son attention. Il ne s'agit pas d'un mal irremédiable ; et si, comme on doit le supposer, c'est sans le vouloir qu'il s'est trompé, il sera heureux d'être averti de son erreur et usera du droit qu'il a de la réparer.

Or, en jetant les yeux sur les circonscriptions nouvelles, on voit immédiatement que l'intérêt de notre cité, intérêt dont nous sommes les gardiens, est méconnu, froissé au plus haut degré par la division même qui enlève au groupe si important des électeurs bordelais la faculté de se faire directement représenter au Corps législatif.

Quoi ! voilà une cité de deux cents mille habitants ; elle a des intérêts propres, des charges personnelles, des éléments spéciaux de bien-être et d'activité, en un mot toutes les conditions d'un grand centre commercial, industriel et maritime à satisfaire, et ce groupe, ce centre si vivement intéressé à élire directement son député, se trouve privé de ce droit par le mode adopté par la division départementale?... Mais c'est là une anomalie, une situation dont le pouvoir exécutif n'a pas eu conscience : il ne peut avoir voulu, en effet, empêcher lès Bordelais d'être représentés par un député de leur choix. Tel serait cependant le résultat du travail des circonscriptions : notre devoir est de le signaler; il s'agit d'un intérêt bordelais. C'est au point de vue bordelais, au point de vue local, que nous exprimons le vœu qu'il soit fait, en ce qui concerne Bordeaux, une modification au décret des circonscriptions. Sans doute, le gouvernement peut renvoyer l'examen de ce vœu et sa réalisation à l'époque de la révision générale, qu'il est tenu de faire tous les cinq ans; mais rien ne lui interdit de corriger les erreurs qui lui seraient utilement signalées avant ce terme, qu'il ne peut franchir. Jamais, dit en terminant l'honorable membre, nous n'aurons une occasion plus pressante et plus grave d'user du droit que nous confère la loi municipale. Il déclare voter pour la prise en considération de la proposition soumise au Conseil par M. Paulet.

M. Duprada appuie fortement la proposition de M. Paulet et les paroles de M. Delprat; il demande que le conseil se prononce par un vote.

M. Brunet, adjoint, reconnaît ce qu'au fond a de juste la demande des honorables préopinants; mais il craint que le conseil, en entrant dans cette voie, ne s'écarte de la légalité. L'opinion du conseil n'est pas demandée, et le gouvernement, comme on l'a reconnu, agit dans la plénitude des droits que lui confère la loi; il ne voit pas de quelle utilité peut être un pareil vote. Il engage le conseil à ne pas donner suite à la proposition.

M. Duprada répond que le conseil a le droit et le devoir de

se prononcer. Il le fait dans une forme convenable. Il s'agit purement et simplement de l'intérêt de Bordeaux. Le gouvernement ne peut que prendre le vote du conseil en bonne part, puisque c'est un avis émanant des représentants des habitants de la commune, dans une question qui intéresse au plus haut point ses habitants dans tous leurs intérêts. Le vœu du conseil est donc légal.

M. Guibert ne sait pas s'il pourra prendre part au vote ; ce qui vient d'être dit de part et d'autre le met dans l'incertitude sur les droits du conseil dans cette question.

M. Guimard déclare qu'il est dans les mêmes idées que MM. Delprat et Duprada, et croit que le conseil est dans son droit d'exprimer un vœu sur ce sujet.

M. Brunet combat la proposition, et demande qu'elle soit renvoyée à l'examen d'une commission ; il rappelle que sous l'administration Castéja le conseil entra sans succès dans une pareille voie.

M. Paulet repousse ce renvoi et maintient sa proposition, sur laquelle il demande un vote immédiat.

M. Delprat croit devoir proposer un amendement qui résume les propositions de M. Paulet, et il l'appuie de diverses considérations, faisant remarquer que l'affaire à laquelle l'honorable M. Brunet a fait allusion n'était pas dans la même situation que celle qui préoccupe le conseil actuellement ; il s'agissait de la police et l'affaire avait un caractère plus général. Aujourd'hui il s'agit des intérêts de la commune de Bordeaux. Cette ville de 200,000 habitants, avec un port de premier ordre, ayant ainsi les intérêts les plus complexes, ne serait pas représentée? Ses habitants ne pourraient se concerter pour choisir un mandataire ? Les circonscriptions électorales telles que les a crées le gouvernement obligent l'habitant du quai des Chartrons de voter avec celui de Lesparre et du Verdon. L'habitant de la rue Sainte-Catherine votera avec celui de la Teste, et le reste à l'avenant. C'est évidemment une délimitation fautive qui va à l'encontre des besoins de la commune de Bordeaux. C'est une erreur commise qu'il faut signaler ; car on ne peut admettre que ces circonscriptions électorales bizarres aient été faites dans le but de nuire aux habitants d'une grande cité comme Bordeaux.

L'honorable membre donne lecture de sa proposition, à laquelle se rallie M. Paulet. Elle est ainsi conçue :

« Le Conseil émet le vœu que le gouvernement soit sollicité de revoir la décision qu'il a prise à l'égard de la ville de Bordeaux dans la nouvelle division des circonscriptions électorales, et de rétablir les choses de manière à ce que les intérêts de la cité soient directement et mieux représentés au Corps législatif.

» Le conseil charge l'administration de transmettre l'expression respectueuse de ce vœu au gouvernement. »

M. Troye demande que sur une question de cette importance, le conseil ne vote pas sans grande réflexion, et que dans ce but on prononce le renvoi à une commission.

M. Samazeuilh a eu des scrupules au point de vue légal ; il ne pense pas que cette question eût dû faire l'objet d'une discussion dans le conseil ; il voudrait au moins qu'on en saisît la commission.

M. Duprada dit que la discussion lui paraît parfaitement avoir élucidé la question, et il déclare s'opposer au renvoi à une commission.

Le maire fait remarquer que pour des questions de moindre importance le conseil a souvent et presque toujours saisi ses commissions ; il demande qu'on le fasse cette fois encore, le sujet étant de haute gravité.

M. Larrieu trouve que les développements produits dans la discussion ne peuvent laisser aucun doute dans les esprits. Le renvoi à une commission serait superflu et ne ferait qu'atermoyer inutilement. Cette question fait l'objet de la préoccupation publique. Les opinions sont faites, il ne reste qu'à prononcer ; il faut voter. Aucune fâcheuse interprétation ne saurait être donnée à l'expression du vœu du conseil, surtout dans la forme où elle se produit. L'intérêt de Bordeaux est seul en jeu. Un système de circonscription électorale étrange divise la ville et oblige les électeurs, au détriment de leurs intérêts, à voter avec des habitants du département des points les plus éloignés. Il y a un tort causé ; il ne peut provenir que d'une erreur : la signaler est un devoir autant que de la réparer.

M. Baudrimont ne saurait nier ce qu'a de fondé l'objection que l'on présente contre le système des circonscriptions établi à Bordeaux ; mais il craint qu'on commette une faute d'agiter cette affaire dans le conseil, et n'y voit pas surtout d'utilité.

M. Delprat donne de nouveau lecture de sa proposition, à laquelle M. Paulet déclare se rallier.

Sur la demande de plusieurs membres, le Maire met aux voix le renvoi de la proposition devant une commission. Le renvoi est rejeté par 14 voix contre 6.

La proposition de MM. Paulet et Delprat est ensuite mise aux voix et adoptée par 14 voix contre 5, plusieurs membres s'étant abstenus de voter dans les deux cas.

CONSEIL GÉNÉRAL DES BOUCHES-DU-RHÔNE

On lit dans le *Sémaphore de Marseille :*

On sait comment a été découpé le département des Bouches-du-Rhône, quand il s'est agi de répartir ses trois arrondissements en quatre circonscriptions électorales. La division sur laquelle on a voté en 1863 était déjà assez mauvaise. On a réussi à mieux faire en 1868. En 1863, sauf la section en deux parties inégales de la ville de Marseille, — section extraordinaire, puisque un tiers de Marseille, toute la partie nord, était annexé à l'arrondissement d'Aix, — la division des arrondissements était à peu près maintenue. D'après la nouvelle décision, c'est mieux encore. Les arrondissements sont tenus pour bien peu de chose. Un canton de l'arrondissement d'Aix en est détaché et est relié à Marseille, c'est le canton de Trets.

Pourquoi ?

Il serait difficile de l'expliquer d'une façon à peu près raisonnable. Un canton de l'arrondissement d'Arles est annexé à celui d'Aix, par voie d'échange. Et la ville de Marseille est toujours coupée en trois sections, dont l'une ira joindre ses votes à ceux de la ville d'Aix. Ce système de délimitation est inexplicable. Aucun intérêt ne lie les cantons nord de Marseille à la ville d'Aix. Aucun intérêt territorial n'unit le canton de Trets à La Ciotat et au canton sud de Marseille. Ces procédés de découpage, qui ont tout l'air de réaliser l'idéal du casse-tête chinois, ne se pratiquent pas seulement à Marseille. La plupart des grandes villes sont traitées sur le même pied, et l'on a vu que le Conseil municipal de Bordeaux a réclamé très-énergiquement contre cette arbitraire division.

Une démarche semblable à celle qui a été faite à Bordeaux allait être tentée par deux conseillers généraux de notre département, pour signaler les anomalies que présente la division électorale des Bouches-du-Rhône. Ils n'ont pu présenter leurs observations. C'est ce que nous raconte, dans les termes suivants, l'un des auteurs de la proposition, M. Léon de Barthélemy :

« Monsieur le rédacteur en chef,

» Les modifications apportées au mois de décembre dernier à trois des circonscriptions électorales du département, bien que le nombre des députés à élire soit resté le même, ont vivement préoccupé l'opinion publique et provoqué les réclamations d'un grand nombre d'électeurs. Les habitants du canton que j'ai l'honneur de représenter m'ont fait part de leurs observations ; mon collègue, M. Borde, a reçu de son côté l'expression du regret qu'éprouvent les électeurs de Trets d'avoir été séparés de l'arrondissement d'Aix.

» En présence de ces plaintes, véritablement fondées, nous avons cherché, la loi à la main, comment il serait possible à l'avenir de concilier le droit appartenant à l'Administration supérieure de promulguer le décret, formant à son gré les circonscriptions électorales, avec le désir bien légitime des électeurs de ne pas être, sans nécessité absolue, transportés comme appoint d'un collége à l'autre. Nous avions l'intention de soumettre au Conseil général une proposition rédigée de manière à satisfaire, en partie du moins, aux réclamations de nos concitoyens. Cela ne nous a pas été possible. Afin de ne pas entraver la marche des affaires, nous attendions, pour déposer notre motion, la fin des travaux du Conseil. Hier samedi, cinq jours seulement après sa réunion, la discussion du budget s'étant prolongée jusqu'à six heures et demie, M. le président (M. Béhic) a cru devoir, immédiatement après le vote, lever la séance et prononcer la clôture de la session de 1868, sans même demander aux membres du Conseil général s'ils n'avaient pas d'observations à présenter.

» Prendre la parole à ce moment, où tous nos collègues quittaient leurs siéges et où plusieurs étaient même déjà sortis, était impossible; nous avons dû ajourner notre proposition, afin qu'elle pût être l'objet d'un examen sérieux.

» Nous croyons devoir, en conséquence, vous communiquer notre projet, en vous priant de le faire connaître à vos lecteurs, s'il vous paraît répondre au but que nous nous sommes proposé. Dans le cas où, comme nous l'espérons, cette proposition obtiendrait l'assentiment de nos amis dans le département des Bouches-du-Rhône, nous la déposerions entre les mains de M. le président du Conseil général, le jour de l'ouverture de la session de 1869.

» Agréez, monsieur le rédacteur en chef, l'assurance de mes sentiments les plus affectueux.

» Comte DE BARTHÉLEMY. »

Voici maintenant le texte de la proposition de MM. de Barthélemy et Borde :

Les soussignés, membres du conseil général des Bouches-du-Rhône, pour les cantons d'Aubagne et Trets, ont l'honneur de proposer à l'approbation de leurs collègues le projet de délibération suivant :

« Le Conseil général,

» Considérant qu'aux termes de l'article 6 de la loi du 10 mai 1838, le Conseil général doit donner son avis sur les changements proposés à la circonscription du territoire du département, des arrondissements, des cantons et des communes ;

» Considérant qu'en vertu des propositions du décret organique du 2 février 1852, (article 2), le département des Bouches-du-Rhône ayant été, en 1852, partagé en quatre circonscriptions électorales, un décret impérial a modifié, au mois de décembre dernier, la composition territoriale de ces circonscriptions électorales qui pourront encore être modifiées à l'avenir ;

» Considérant que les motifs qui ont déterminé le législateur de 1838 à ordonner que les conseils généraux fussent consultés lorsqu'un changement territorial semble nécessaire ou utile, sont évidemment les mêmes, qu'il s'agisse de circonscriptions électorales ou administratives ; qu'aucune disposition de la Constitution ou des lois organiques ne s'oppose à ce que le Conseil général des Bouches-du-Rhône soit consulté au sujet des modifications à apporter aux circonscriptions électorales actuelles ;

» Considérant qu'en provoquant une délibération à ce sujet, l'administration supérieure se conformerait à l'esprit des lois des 10 mai 1838 et 18 juillet 1837, modifiées par le décret du 2 mai 1852 ; qu'eu égard à l'importance et à l'étendue du département des Bouches-du-Rhône, dont le commerce, l'agriculture et l'industrie doivent être également représentés, le

Conseil général est en situation de donner un avis des plus éclairés sur la manière dont doit être formée chaque circonscription, afin de sauvegarder les droits et les intérêts de chaque canton en particulier, tout en sauvegardant ceux du département tout entier;

» Considérant qu'aux termes de l'article 7 de la loi du 10 mai 1838, le Conseil général peut adresser directement au ministre chargé de l'administration départementale, par l'intermédiaire de son président, les réclamations qu'il aurait à présenter dans l'intérêt spécial du département, ainsi que son opinion sur l'état et les besoins des différents services publics en ce qui touche le département;

» Délibère :

» M. le président est prié de faire connaître à M. le ministre de l'Intérieur le vœu qu'exprime le Conseil général d'être consulté à l'avenir au sujet des modifications à apporter aux circonscriptions électorales du département des Bouches-du-Rhône.

» Marseille, le 29 août 1868.

» Comte de Barthélemy,
» Borde. »

La discussion est donc ajournée à 1869. Nous le regrettons, car avant l'époque de la réunion du Conseil général, tout porte à croire que les élections générales auront eu lieu dans les conditions de la délimitation dont on se plaint. Nous n'hésitons pas à croire néanmoins qu'il sera bon de présenter de nouveau cette réclamation, ne fût-ce que pour prévenir une division plus mauvaise encore dans l'avenir.

En lisant le texte de la proposition présentée par les deux conseillers généraux, on voit qu'ils ont sagement établi les principes de droit sur lesquels ils fondent la compétence du Conseil général. Il est évident que le Conseil, consulté dès qu'il s'agit de distraire le moindre hameau de vingt feux d'une commune pour le réunir à une autre, a quelque droit, par voie de complète analogie, à s'inquiéter des déplacements opérés entre cantons dès qu'il s'agit de former une circonscription électorale appelée à nommer un représentant de ses intérêts au Corps législatif. Si le Conseil général avait été consulté, nous n'aurions probablement pas à nous plaindre de l'arbitraire division que nous devrons subir pour le présent. Espérons que, l'année prochaine, la proposition dont nous venons de donner le texte sera examinée attentivement ; elle mérite qu'on s'y arrête. Souhaitons aussi qu'après examen, le Conseil lui donne son approbation, afin que notre département, après avoir subi l'épreuve de la division dans le sens de l'est à l'ouest, ne soit pas exposé à l'avenir à être découpé dans la direction du nord au sud.

A. BARLATIER.

CONCOURS AGRICOLE

DE CHAMPDENIERS

Hier a eu lieu, à Champdeniers, le concours du comice agricole de l'arrondissement de Niort. Le canton de Champdeniers est très-certainement un des plus riches du département des Deux-Sèvres; je n'oserais pas dire qu'il est le plus avancé en agriculture, car j'ai vu là des amis qui labourent les riches plaines de Saint-Gelais, de Chavagné et de Breloux, qui protesteraient ; mais ce que tout le monde sait, c'est qu'il n'est pas de contrées plus riches en sites pittoresques, en prairies abondantes, en bestiaux de races pures et dans toutes les espèces domestiques.

Depuis vingt-cinq ans que l'agriculteur du Bocage est entré sérieusement dans la voie du progrès, il y marche d'un pas ferme et résolu. Encouragé par ses premières tentatives, il est arrivé vite au niveau de l'agriculture la plus avancée de la Plaine, dont il a su habilement appliquer les principes à son sol, qui en diffère beaucoup par sa composition. Il a parfaitement compris qu'il y avait en agriculture des lois générales qui devaient être suivies partout, et des conditions locales qui exigeaient d'autres préparations du sol et des opérations différentes dans l'exploitation rurale.

L'agriculteur de cette partie du département s'adonne plus particulièrement à l'élève des bestiaux. Admirablement favorisé par les prairies naturelles permanentes, dont de gigantesques haies très-productives forment les clôtures, il peut, pendant la belle saison, placer ses animaux dans ces excellents pâturages où ils passent quatre mois de l'année. Ce qui ne l'a pas empêché, après avoir extrait, labouré et fumé plusieurs fois cette *terre rouge*, traitée de *maudite* par ses ancêtres, de créer, là où on en n'avait jamais vu, de magnifiques luzernières, de récolter de très-beaux trèfles qui remplissent les immenses granges dont sont pourvues aujourd'hui toutes les fermes de la Gâtine. Ah ! s'ils revenaient les agriculteurs gâtinais de 1768, qui mangeaient du seigle et ne cultivaient que deux pièces de terre dans leur ferme, quand les autres chômaient et se gazonnaient pour servir de parcours aux bestiaux, ils se croiraient transportés dans un autre pays.

Les *meulès* de blé-froment qui entourent les aires, les machines à battre qui dépiquent en huit jours la récolte des exploitations les plus étendues, marquent très-avantageusement pour la société le chemin qu'a fait, sans avoir l'air de se presser, l'agriculteur calme et intelligent du Bocage.

Ces réflexions nous conduisent au concours de labourage dans un champ situé à trois kilomètres de Champdeniers. C'est là que 26 charrues, placées en ligne, attendaient le signal du départ. Je n'ai pas besoin de dire que toutes les charrues étaient des Dombasles, ou des dérivés ayant reçu des modifications en rapport avec la nature des sols qu'elles ont l'habitude de remuer.

Le programme de cette partie du concours contenait, à notre avis, une faute d'autant plus grave, que la condition imposée est en contradiction avec les principes admis, et que les concours de labourage ont justement mission de répandre les labours profonds. Chaque laboureur a fait sa tâche avec un talent digne d'être encouragé et d'être offert en exemple. Seulement, l'obligation de n'atteler que deux bœufs sur la charrue a empêché certains cultivateurs de labourer aussi profondément qu'ils eussent désiré, sous peine d'exténuer leur attelage, ce qui est arrivé à la plupart de ceux qui n'ont considéré que le but à atteindre, la profondeur et la régularité de la raie. Il est impossible de labourer un sol profond et compact comme celui de Champdeniers avec deux bœufs sur une charrue. Si on exécute les labours tel qu'on doit le faire avec un pareil attelage, ce sera aux dépens des animaux qui seront employés à ce travail; et il est toujours d'un fort mauvais exemple de ne pas ménager ces précieux agents de la force motrice de la ferme. Il est au contraire très-avantageux pour le cultivateur de composer ses attelages de telle sorte qu'il n'y ait jamais qu'une partie de la force des animaux utilisée dans les travaux. Par ce moyen ils conserveront plus d'embonpoint, ils seront moins exigeants pour leur nourriture, qui pourra être réduite à une ration d'entretien, et les préparera à l'engraissement qu'ils doivent subir lorsque le moment de la vente est arrivé. Quand il s'agit des mules, c'est une bien autre affaire, car indépendamment de l'excès de fatigue qui use leur corps, il peut produire aux membres des tares très-préjudiciables à la valeur des animaux.

Après cette petite digression, revenons aux laboureurs pour leur dire qu'il est impossible de mieux exécuter la tâche qui leur avait été tracée. Et franchement, je crois que le jury a dû être fort embarrassé pour établir son classement. Tous ont droit à des éloges, nous leur donnons les nôtres. Quant aux prix, nous pensons que la Commission aura mis sa générosité à la hauteur de l'admiration de toute l'assistance, et que par un virement rendu facile par quelque partie faible du concours, elle aura récompensé tous les mérites.

Nous retournons à Champdeniers, où avait lieu l'exhibition des animaux.

Commençons par le plus noble, de l'avis de Buffon, et empressons-nous de reconnaître que, sur la place, le célèbre naturaliste avait encore raison, c'était bien le concours des étalons mulassiers qui était le plus intéressant et aussi le plus beau. Nous n'entreprendrons point de décrire les six ou sept chevaux qui luttaient ensemble; mais nous avons été heureux de trouver là quatre étalons dignes de tous les encouragements des connaisseurs et des producteurs de mules, et de toutes les primes que peuvent avoir à distribuer le Comice agricole de Niort et la Société centrale d'agriculture du département des Deux-Sèvres. Je ne sais pas si les officiers des haras auxquels certains de ces étalons ont été présentés, leur ont réservé quelques-unes des primes dont cette administration dispose ; dans tous les cas, ils les méritent à tous égards.

Les juments poulinières suitées n'étaient pas nombreuses. Nous en avons remarqué cinq qui, croisées avec des étalons de choix, ne pourront qu'améliorer la race. En examinant ces juments, on s'apercevait bien vite que les yeux de connaisseurs intelligents les avaient choisies. Si quelques-unes n'avaient pas des fruits dont les qualités fussent en rapport avec celles qu'on observait chez les mères, c'est que dans les haras on n'est pas libre de choisir l'étalon, et que le hasard seul décide de l'accouplement.

Nous avons été étonné, dans une contrée si riche en bêtes bovines, où la race parthenaise, la seule qui soit élevée dans le pays, est l'objet des soins les plus attentifs pour lui conserver sa pureté ; nous avons été surpris, dis-je, de la voir si mal représentée.

Comment ! à Champdeniers, sa patrie, la race bovine de Parthenay n'avait qu'une douzaine de représentants environ !.... Trois jeunes taureaux, très-beaux, à la vérité, d'une grande finesse de race et d'une belle conformation, étaient là seuls pour soutenir la réputation de notre espèce bovine. Quant aux femelles, à part deux ou trois génisses ayant quelques qualités, aucune d'elles ne pouvait donner l'idée de ce que sont les beaux sujets de notre race bovine. Trois ou quatre moutons assez médiocres, de race poitevine, remplissaient seuls cette catégorie du concours. Sept ou huit cochons craonais assez bons représentaient cet élevage, qui a dans quelques communes du canton une assez grande importance.

En venant à Champdeniers, nous espérions mieux de l'exhibition des espèces bovine, ovine et porcine, qui sont là chez elles, et que nous venions y voir.

Il faut vraiment qu'il y ait eu un malentendu pour expliquer une pareille abstention. Nous avons entendu dire qu'on n'avait pas donné au concours assez de publicité ! Est-ce vrai ? nous l'ignorons. Mais nous aimerions mieux que ce fut là la cause véritable, plutôt que l'indifférence des éleveurs. La pluie menaçait. Quelques nuages venaient de temps en temps forcer à ouvrir les parapluies et arroser les siéges qui attendaient les dignitaires de la Société d'agriculture.

A quatre heures, M. le président de la Société d'agriculture, M. le maire de Champdeniers, MM. les membres du jury, M. Lasnonier, député ; M. Tribert, membre du Conseil général, ont pris place sur l'estrade.

La compagnie des sapeurs-pompiers, dont chacun a admiré la bonne tenue, était placée sur deux lignes, empêchant la foule d'approcher trop près de la tribune, et formant la haie de manière à laisser le passage libre aux lauréats. La musique, placée derrière l'estrade, a fait, avant la distribution des prix, entendre quelques airs qui ont un peu distrait la foule, attendant impatiemment depuis une heure la proclamation des noms des vainqueurs.

M. Giraud, président de la Société d'agriculture, a ouvert la séance par une improvisation, au début de laquelle il a dit : Qu'il venait ici pour parler d'agriculture, et qu'il ne parlerait que de cela.

L'heure fixée pour notre départ venait de sonner, et nous avons quitté la croisée que nous devions à la bonne hospitalité d'un vieux camarade, pour monter en voiture, tout en regrettant de ne pas assister aux fêtes que la municipalité de Champdeniers avait préparées pour recevoir dignement le comice agricole de Niort, et faire participer toutes les populations rurales aux réjouissances qui sont le corollaire indispensable de ces grands jours de l'agriculture.

EUG. AYRAULT, vétérinaire.

(Extrait du *Mémorial* du 25 août 1868.)

TABLE DES MATIÈRES

ANNEXES